Bud

GURU RINPOCHE

© 2007 Padmakara Translation Group
Originalmente publicado em 2007 por Shambhala Publications Inc.

Todos os direitos desta edição são reservados à 2AB Editora Ltda.

© 2014 Editora Lúcida Letra

Título original:
White Lotus: an explanation of the seven-line prayer to Guru Padmasambhava

Editor: Vítor Barreto
Projeto Gráfico Capa: Gopa & Ted2, Inc.
Imagem da Capa: Guru Padmasambhava (Permissão de Thinley Norbu Rinpoche).
Adaptação do projeto gráfico: Mariana Aurélio | Horta
Projeto gráfico do miolo: Mariana Aurélio | Horta
Revisão: Lia Beltrão, Celina Karam

Impresso no Brasil. *Printed in Brazil.*
1ª tiragem: julho de 2014
4ª tiragem: julho de 2021

Dados Internacionais de Catalogação na Publicação (CIP)

M669l	Mipham, Jamgön.
	Lótus branco : uma explicação da Prece de Sete Linhas a Guru Padmasambhava / Jamgön Mipham ; tradução para o inglês Padmakara Translation Group ; tradução para o português Marcelo Nicolodi. – Teresópolis, RJ : Lúcida Letra, 2014.
	144 p. : il. ; 21 cm.
	Inclui bibliografia e glossário.
	ISBN 978-85-66864-08-3
	1. Budismo - Tibete (China). 2. Oração. I. Padmakara Translation Group. II. Nicolodi, Marcelo. III. Título.
	CDU 294.3
	CDD 294.34

Índice para catálogo sistemático:
1. Budismo : Oração   294.3

(Bibliotecária responsável: Sabrina Leal Araujo – CRB 10/1507)

Lótus Branco

Lótus Branco

Uma Explicação da Prece de Sete Linhas
a Guru Padmasambhava

Jamgön Mipham

Tradução para o inglês
Padmakara Translation Group

Tradução para o português
Marcelo Nicolodi

Editora Lúcida Letra

❧ Sumário ❧

Prefácio 13
Introdução dos tradutores 15
Lótus Branco 31
Prólogo 33
Uma explicação do significado externo,
literal da Prece de Sete Linhas 38
Uma explicação da Prece de Sete Linhas
de acordo com seu significado oculto 59
Uma explicação da Prece de Sete Linhas
de acordo com os ensinamentos do caminho da liberação 59
Uma explicação da Prece de Sete Linhas
de acordo com o caminho dos meios hábeis 71
 Uma explicação da Prece de Sete Linhas
 de acordo com o estágio geral da perfeição
 do insuperável Mantra Secreto 72
 Uma explicação da Prece de Sete Linhas
 de acordo com a secreta e mais profunda
 Grande Perfeição, a Essência do Coração
 da Luminosidade 78

Uma explicação da Prece de Sete Linhas
de acordo com as instruções essenciais
conclusivas relativas à realização da
prática dos caminhos da liberação e dos
meios hábeis anteriormente explicados 88
Uma breve explicação sobre como a
exposição anterior pode ser implementada
como uma prática 101
Colofão 104
A Chuva de Bênçãos 109
Notas 113
Glossário 125
Bibliografia 141

❧ Prefácio ❧

A origem dos ensinamentos budistas em nosso mundo se deu com o Buda Shakyamuni, que em sua incomparável compaixão pelos seres e seu desejo de levar todos à liberação perfeita é louvado nas escrituras como um lótus branco entre os mil budas deste kalpa afortunado. Antes de passar para o mahaparinirvana, o Buda profetizou que suas atividades seriam continuadas e seus ensinamentos propagados e protegidos por Padmasambhava, a quem os budistas tibetanos frequentemente se referem como Guru Rinpoche, o Mestre Precioso. Convidado pelo Rei do Darma Trisongdetsen, a conselho do grande abade Shantarakshita, Guru Rinpoche foi ao Tibete e disseminou os ensinamentos em vasta escala. Ele tornou o Tibete e toda a região dos Himalaias uma terra sagrada onde o Budadarma prosperaria por muito tempo, mesmo após ter desaparecido na Índia. Graças ao poder das bênçãos de Guru Rinpoche não apenas as transmissões orais e os tesouros dos Nyingmapas, mas também os ensinamentos e as práticas das outras escolas do budismo tibetano puderam florescer e foram preservados intactos até nossa época. Todos nós que temos interesse na tradição do budismo tibetano deveríamos ter uma clara consciência do quanto devemos a Guru Rinpoche.

Ele é o professor perfeito, o guia para aqueles que desejam progredir no caminho; todas as preces direcionadas a ele têm imenso valor. Entre elas, a mais importante é certamente a Prece de Sete Linhas. Ela não é apenas a mais poderosa das invocações, mas cada palavra dessa prece é plena de profundo significado. Graças à maravilhosa sabedoria e erudição de Mipham Rinpoche temos um comentário que coloca diante de nós todas as diferentes formas pelas quais a Prece de Sete Linhas pode ser compreendida. Ele nos mostra como essa preciosa invocação contém, em forma concentrada, a totalidade do Mantra Secreto.

Seja qual for o estágio em que estivermos, iniciantes ou não, a Prece de Sete Linhas deveria nos acompanhar constantemente. Ela é como uma chave de ouro que abre o depósito de tesouros dos ensinamentos. Acima de tudo, recitar a Prece de Sete Linhas é a melhor forma de invocar Guru Rinpoche para que possamos repousar em sua presença, cultivar devoção por ele e, assim, receber suas bênçãos.

Jigme Khyentse
Dordogne, 2006

❦ Introdução dos tradutores ❦

O COMENTÁRIO TRADUZIDO NESTAS páginas é incomum e raro. Mesmo dentro da escola Nyingma, ele parece ser pouco conhecido fora da linhagem direta de ensinamentos de seu autor, Mipham Rinpoche. Nós recebemos esta transmissão e explicação durante os ensinamentos oferecidos por Tulku Pema Wangyal Rinpoche, que a recebeu de seu pai, Kangyur Rinpoche, que por sua vez a recebeu de Kathok Situ Chökyi Gyatso, um dos discípulos mais próximos de Mipham. Mas, se o comentário é uma raridade, seu tema, a invocação em sete linhas a Guru Padmasambhava, é uma das preces mais conhecidas no mundo do budismo tibetano. Ela é estimada e recitada onde quer que o Mestre Precioso, Guru Rinpoche, seja reverenciado — especialmente na escola Nyingma, cuja origem remonta à aurora do budismo no Tibete. Ela é a súplica primordial ao Guru, considerado a corporificação de todos os refúgios, a personificação de todos os seres iluminados e o modelo para todos os mestres e professores subsequentes da tradição. Na escola Nyingma nenhuma sessão de prática, meditação ou sadhana começa sem que se recite três vezes a Prece de Sete Linhas e, como podemos ver no colofão deste comentário, não é incomum praticantes devotarem meses e até mesmo anos de suas vidas à acumulação de um vasto número de recitações dessa prece.

Para muitos ocidentais, mesmo aqueles que são atraídos pelo budismo tibetano, Guru Rinpoche deve parecer uma figura estranha e enigmática. Como um mestre tântrico budista de Oddiyana (uma região talvez localizada onde hoje é o Paquistão), há poucos motivos à primeira vista para se duvidar de sua autenticidade histórica. Porém, a literatura tradicional que se refere a ele, a qual inclui diversas e extensas biografias, está repleta de maravilhas e milagres do tipo que normalmente associaríamos a lendas e mitos.[1] Vamos brevemente recordar os pontos principais da vida de Guru Rinpoche e sua relação com o Tibete e seu povo.

Guru Rinpoche

De acordo com os anais da história tibetana, quando o rei Trisongdetsen desejou estabelecer os ensinamentos budistas em seu país, seu primeiro movimento foi convidar ao Tibete o grande monge e erudito Shantarakshita, o renomado abade de Nalanda, a enorme universidade monástica que era, naquela época, a glória da Índia budista. Ao chegar ao Tibete, Shantarakshita se esforçou para instruir o rei e o povo. Ele iniciou a construção do templo em Samye, ordenou os primeiros monges e inaugurou a tradução de escrituras budistas. Seus esforços, entretanto, não obtiveram grande sucesso. Ele encontrou uma poderosa oposição na nobreza tibetana e nos ministros reais, cujos corações e interesses ocultos se voltavam para as crenças e práticas de sua religião nativa, o culto aos deuses e espíritos do Tibete. Apesar dessa intensa hostilidade, Shantarakshita percebeu que a maior oposição ao seu trabalho não vinha da interferência humana, mas sim dos próprios deuses. Esses estavam perturbados pela presença do acharya estrangeiro, cujos ensinamentos ameaçavam abolir os sacrifícios de sangue que os sustentavam e romper os elos que os ligavam à terra e ao seu povo; e demonstraram sua fúria com uma série de desastres naturais sem precedentes. Shantarakshita concluiu que a única solução seria lidar com os deuses diretamente e combater magia com magia. Admitindo francamente que empreitadas desse tipo estavam além de sua capacidade, ele aconselhou o rei a buscar a proteção de Guru Padmasambhava, um mestre dos tantras budistas e um iogue de poder desobstruído.

O grande Guru chegou no momento certo e, em resposta às súplicas do rei, transformou o Tibete em uma terra budista. Como Shantarakshita havia previsto, sua primeira tarefa foi subjugar os deuses, espíritos poderosos e arrogantes que até aquele momento haviam reinado supremos. A tradição relata as muitas ocasiões em diferentes partes do país em que Guru Rinpoche os confrontou e os derrotou, sem destruí-los ou expulsá-los, mas sim subjugando- -os com sua majestade, de modo que eles se tornaram dóceis e submissos ao seu comando. Diz-se que muitos tomaram refúgio nele. Eles ingressaram no Darma e se tornaram budistas. Outros, menos receptivos, foram subjugados por seu poder ióguico e atados pelo juramento de proteger a Doutrina. Tendo, assim, pacificado o mundo espiritual, Guru Rinpoche ficou livre para disseminar os ensinamentos budistas, especialmente o Vajrayana, de forma desimpedida. Assim, diz-se que ele abençoou a terra de forma tão completa que nenhum lugar permaneceu intocado por seus pés sagrados, nenhum torrão de terra deixou de ser permeado por suas bênçãos.

Essa não foi a primeira vez em que foi feita uma tentativa de realizar a conversão do Tibete por meios ocultos. A literatura tibetana registra que o rei Songtsen Gampo, muitas gerações antes, havia construído uma rede completa de templos localizados em lugares de importância geomântica, cujo propósito era dominar o país desgovernado, visualizado como uma enorme figura feminina — a "ogra deitada de costas". Os textos relatam que por um tempo esse método foi bem-sucedido e os ensinamentos budistas começaram a se espalhar e a criar raízes. Entretanto, bastante dispersos por todo o país, esses templos "domadores das fronteiras" eram difíceis de manter. E quando, após a morte de Songtsen Gampo, eles caíram em descuido, a prática budista também começou a enfraquecer, encoberta pelas sombras invasoras dos velhos hábitos.

Como uma proteção contra um declínio similar, que poderia ocorrer após sua partida e o colapso posterior da dinastia real, diz--se que Guru Rinpoche protegeu o futuro do país ocultando tesouros de ensinamentos a serem revelados em gerações futuras pelas encarnações de seus discípulos mais próximos. Esta tradição dos tesouros, ou termas, que foi e permanece como uma característica importante dos ensinamentos e da prática da escola Nyingma, é um dos legados mais espantosos da visita de Guru Rinpoche ao Tibete. Ela tem atuado como uma proteção para as linhagens de transmissão, das quais depende a prática dos tantras, e tem sido um meio recorrente através do qual os ensinamentos vêm sendo revitalizados e renovados.

Pela conversão dos habitantes humanos e não humanos do país e pelo poder de sua bênção, Guru Rinpoche criou no Tibete e por toda a região dos Himalaias uma terra protegida onde o estudo e a prática dos sutras e tantras prosperaria ininterruptamente por cerca de mil anos. Aqui os ensinamentos do Buda puderam ser mantidos vivos com vigor mesmo séculos depois de terem sido eliminados na terra de seu nascimento. Em diversos momentos da história do Tibete, a tradição foi enriquecida e ampliada pelo surgimento de outros grandes mestres que fundaram novas escolas e linhagens. Com isso eles puderam construir sobre as fundações de uma tradição já existente, que havia sobrevivido intacta apesar das perseguições e da passagem do tempo. E essas tradições e seus ensinamentos puderam florescer graças ao ambiente protegido criado e sustentado pelas bênçãos de Guru Rinpoche. A relação de Guru Rinpoche com o destino do Tibete era tão íntima que, devido à intolerância sectarista, bastante agravada durante o desastroso intervalo entre a morte do Décimo Terceiro Dalai Lama e a ascensão do Décimo Quarto, os rituais especiais planejados por Guru Rinpoche para a proteção do país foram negligenciados e isto foi visto por muitos tibetanos como o arauto definitivo da catástrofe que efetivamente se seguiu.[2]

Em outras leituras dos relatos tradicionais da vida de Guru Rinpoche descobrimos que, por mais grandiosas que tenham sido suas proezas no Tibete e nos países vizinhos, elas estiveram longe de esgotar as atividades do grande Guru. De acordo com os relatos tradicionais e conforme profetizado nos tantras, a primeira manifestação de Guru Rinpoche neste mundo, na forma de uma bela criança sentada sobre um magnífico lótus no lago de Dhanakosha, ocorreu pouco depois do mahaparinirvana do Buda Shakyamuni. Ele foi adotado e cresceu no lar do rei local, Indrabhuti, e ao atingir a maioridade recebeu os votos monásticos do próprio Ananda. Tempos depois, por meio da prática do Vajrayana e especificamente dos ensinamentos da Grande Perfeição, ele alcançou um nível de realização conhecido como "corpo de arco-íris da grande transferência", no qual seu corpo humano foi transformado em luz e nunca morreu.[3] Quando ele encontrou Trisongdetsen e Shantarakshita no Tibete já tinha, pela contagem humana, bem mais de mil anos.

Tampouco suas atividades se resumiram a este mundo. Diz-se que ele visitou incontáveis sistemas universais diferentes de modo a instruir os seres desses locais. Em sua longa atuação, ele assumiu muitas diferentes formas e aparências de acordo com as necessidades, incluindo as oito grandes manifestações e as incontáveis menores. Finalmente, após completar seu trabalho no Tibete, ele partiu para o país dos demônios rakshasas na terra de Chamara, o subcontinente que de acordo com a antiga cosmologia indiana se encontra a sudoeste de Jambudvipa (nosso mundo, o grande continente situado ao sul do Monte Meru, o eixo do universo). Mesmo assim, a história está longe de terminar. Sempre atento ao Tibete e a seus fiéis discípulos espalhados pelo mundo, Guru Rinpoche os visita regularmente, especialmente no décimo e vigésimo quinto dias do mês lunar, retornando de Chamara montado nos raios do sol nascente e poente.

Esse breve relato da vida e dos feitos de Guru Rinpoche tem por objetivo esclarecer, sem concessões à sensibilidade moderna, tudo que geralmente se acredita sobre ele na tradição do budismo tibetano. Além do mais, para seus muitos seguidores devotados, Nyingmapas ou não, Guru Rinpoche não é simplesmente uma figura histórica, um herói do passado a ser relembrado. Ele é uma realidade presente, invocado constantemente. Sua intervenção direta nos assuntos da vida cotidiana é esperada sem hesitação e como uma certeza. Nos ensinamentos oferecidos pelos lamas e mesmo nas conversas das pessoas comuns, os eventos de sua vida, as maravilhas que realizou e suas aparições para os santos e iogues, são relatados como se fossem ocorrências recentes — como de fato algumas delas são.

O encontro com uma tradição viva deste tipo pode ser desconcertante para os ocidentais. É perturbador interagir com pessoas que tomam como literais, como verdade histórica, descrições de eventos que nos parecem claramente mitológicos. A fé implícita que os budistas tibetanos possuem em Guru Rinpoche é um desafio para nosso modo de pensamento e há várias estratégias que podemos utilizar na tentativa de acomodar tal situação potencialmente desconfortável. Podemos dizer a nós mesmos, por exemplo, que os detalhes de sua vida — seu nascimento sobre o lótus, sua imortalidade e poderes sobrenaturais — não são dogmas religiosos. Eles não são artigos de fé requerendo uma aceitação cega e sem questionamentos. Eles podem, assim, ser deixados de lado enquanto nos concentramos nos aspectos mais importantes do Darma. Podemos considerar que os relatos da vida do Guru são simbólicos, que o seu nascimento sobre o lótus é apenas uma forma poética de expressar a doutrina do nirmanakaya, que montar sobre raios de luz é na verdade uma referência às visões da prática de thögal, e assim por diante. Utilizando tais argumentos reducionistas podemos afastar as explicações sobre esses eventos e ações — denominados a priori fantásticos e realisticamente impossíveis — e os reformulamos em termos intelectualmente mais palatáveis.

Até certo ponto tal procedimento é compreensível. Entretanto, há um risco envolvido em reduzir ideias religiosas a um nível em que possam ser interpretadas apenas em termos de nossa compreensão atual do mundo. Para as pessoas que se interessam pelo Darma como meio de evolução espiritual, diluir e censurar os ensinamentos dessa forma não é um caminho sábio. O que acaba acontecendo é que terminamos intocados e não transformados, reforçando as ideias materialistas cuja transformação é precisamente o papel do Darma. Tornamo-nos imunes ao poder que tais imagens exercem sobre aqueles que as aceitam em um espírito de abertura e fé. Pois não pode ser negado que todos os grandes iogues do passado e todos os grandes mestres de hoje alcançaram seus níveis de realização praticando a partir de uma visão de mundo na qual eles nunca acharam necessário questionar a vida e as proezas de Guru Rinpoche como acabamos de descrevê-las. Esse fato deveria nos fazer parar e talvez nos tornar menos propensos a descartar as histórias da vida de Guru Rinpoche como simples folclore. O problema com o enfoque reducionista é que, ao tentar chegar a uma interpretação mais sofisticada dos relatos tradicionais, ele não tende a gerar um insight mais profundo sobre o significado do Darma, mas sim uma atitude que não é nada mais do que o materialismo na prática.

Entretanto, essa não é a única abordagem disponível para nós. Pode nos ser necessário encontrar um meio-termo entre a credulidade ingênua por um lado e o ceticismo árido e orgulhoso por outro, e ambos efetivamente fecham a porta para uma compreensão mais profunda. Pode ser difícil acreditar, por exemplo, que Guru Rinpoche tinha mil anos quando chegou ao Tibete, ou que ele ainda está vivo em uma ilha em algum lugar a sudoeste do Monte

Meru. Mas uma coisa parece certa: nunca teremos sucesso em compreender qualquer coisa se começarmos com a decisão de que ela é impossível. Quando confrontados pelo misterioso pode ser mais proveitoso (e certamente mais interessante) manter uma atitude de questionamento aberto, em vez de fechar-se em uma visão prévia sobre o assunto em nome de um assim chamado jeito moderno de ver as coisas.

Uma experiência direta da tradição tibetana é, sem dúvida, útil na superação de nossa relutância em admitir a possibilidade de eventos inexplicáveis se considerados a partir de uma visão estritamente mecanicista do universo. No mundo do budismo tibetano, de fato, há momentos em que as fronteiras da existência comum parecem ser rompidas e o milagroso a invade. Mesmo hoje há casos bem documentados de lamas que retiraram tesouros de pedras ou lagos, ou que visitaram "terras ocultas". Mesmo em anos recentes, têm ocorrido casos de iogues que ao morrerem manifestaram o corpo de arco-íris diante de muitas testemunhas, dissolvendo seus corpos em luz e deixando para trás apenas cabelos e unhas. E muitos ocidentais, mesmo que não tenham feito parte de tais prodígios, sentiram por si mesmos o efeito extraordinário exercido pela presença de um grande mestre sobre suas percepções. Passar o tempo na proximidade de Kangyur Rinpoche, por exemplo, era entrar em uma dimensão em que literalmente qualquer maravilha parecia possível.

Guru Yoga e a Prece de Sete Linhas

O significado geral da Prece de Sete Linhas é talvez melhor apreciado em relação a uma prática conhecida como guru yoga, ou "união com a natureza do guru". Apesar da importância de um professor espiritual ser apresentada em todos os níveis do ensinamento budista, é especialmente no Vajrayana que encontrar e seguir um mestre qualificado ou guru é enfatizado como um pré-requisito indispensável para a implementação bem-sucedida da prática. O propósito da guru yoga é purificar e aprofundar a relação do discípulo com seu/sua professor(a). No Vajrayana ela é introduzida como uma das práticas preliminares e permanece como crucial — de fato sua importância aumenta — à medida que se progride para os níveis mais avançados do caminho tântrico. O cultivo da devoção pelo(a) guru e a fusão da própria mente com a mente iluminada dele(a) é, de acordo com as palavras de Dilgo Khyentse Rinpoche, "a mais vital e necessária de todas as práticas, e é por si mesmo a forma mais segura e rápida de alcançar a meta da iluminação."[4] Mas, o que é na verdade um guru? A natureza e a importância desta figura crucial será talvez mais facilmente compreendida no contexto da doutrina da natureza búdica.

O progresso da mente em direção à iluminação é frequentemente avaliado de acordo com as duas acumulações de mérito e sabedoria. Estas correspondem aos dois tipos de bodicita, a relativa e a absoluta, que são respectivamente a prática de compaixão e a sabedoria da vacuidade. Diz-se que as duas acumulações em conjunto "resultam" no estado búdico. Entretanto, deve-se compreender que, como os ensinamentos enfatizam, esse objetivo final do caminho não é composto ou produzido; ele não é algo adquirido. Seria talvez mais preciso falar sobre a iluminação em termos de realizar ou descobrir algo que já está presente na própria mente.

Este algo, este "elemento", é chamado de natureza búdica. É a essência mais íntima da mente, que permanece e sempre permaneceu imaculada pelas delusões, obscurecimentos e sofrimentos do samsara. O Uttaratantra-shastra traz muitas ilustrações de como a natureza búdica permanece oculta, um longo tempo enterrada no esquecimento, nas profundezas mesmo do mais deludido e maldoso dos seres. A longa e gradual evolução da mente em direção à iluminação realmente consiste na remoção dos véus do obscurecimento, produzidos pelo carma e pelas emoções negativas, que ocultam esse tesouro interior — um tesouro que, como um pedaço de ouro refinado escondido no solo, já é perfeito, pleno de todas as qualidades da iluminação. A natureza búdica, a natureza da mente, não é nem corrompida pelo estado do samsara nem aperfeiçoada pela realização do nirvana.

Ao considerarmos o longo processo pelo qual a natureza búdica é revelada, é importante lembrar que, de acordo com o ensinamento budista, o mundo aparentemente externo e a mente que o observa não são duas esferas completamente separadas. Eles estão intimamente conectados. Em resumo, o tipo de fenômenos que os seres percebem depende diretamente da condição interna de suas mentes; e isto é de tal forma verdadeiro que frequentemente se diz que o mundo é "criado pela mente". À medida que a mente evolui e os véus dos obscurecimentos que ocultam a natureza búdica são atenuados a partir do cultivo de pensamentos e ações positivos, mudanças são detectadas no mundo externo. Os sinais do Darma começam a surgir.

Nos estágios iniciais isto pode ser nada além da percepção dos símbolos dos ensinamentos: bandeiras de oração, uma imagem de uma estupa, uma imagem atraente do Buda, um artigo de imprensa interessante sobre o Dalai Lama, e assim por diante. Gradualmente, o interesse pelo Darma se torna mais claramente articulado e, finalmente, o encontro com os ensinamentos acontecerá. Haverá o encontro com praticantes e professores budistas, e graças a eles será possível ingressar no caminho e se dedicar à prática. Nada disso é apenas fruto do acaso. O surgimento do Darma em seu mundo exterior e o crescimento, ou melhor, o florescimento da natureza búdica de seu interior, correspondem um ao outro como as respostas de ecos. Finalmente, após um período de longa preparação (que pode se estender por muitas vidas), chegará o momento em que um guru verdadeiramente qualificado, dotado com realização perfeita e habilidades iluminadas, surgirá no ambiente do discípulo. E graças à aptidão espiritual nascida da grande acumulação de energia espiritual positiva ou méritos, o discípulo será capaz de perceber de forma aproximada o caráter de tal professor como ele ou ela realmente é. Mais adiante, à medida que os obscurecimentos seguem sendo removidos, a compaixão e as bênçãos do(a) professor(a) e a devoção pura e genuína do discípulo se encontrarão, e chegará o momento em que o mestre poderá indicar diretamente e o discípulo será capaz de reconhecer, pela primeira vez, a verdadeira natureza da mente, a natureza búdica. Em tal contexto, a natureza búdica é frequentemente citada como o guru interno ou absoluto. Como Dilgo Khyentse Rinpoche disse:

> No nível absoluto, o professor está em união com a própria natureza de nossa mente, que é a essência da iluminação, *tathagatagarbha*... Por intermédio do professor externo ou relativo e suas instruções essenciais podemos ser conduzidos à realização do professor interno ou absoluto, que é a própria mente lúcida.[5]

Talvez pudéssemos dizer que o aparecimento de tal mestre autêntico para a percepção do discípulo é o surgimento final e mais perfeito da natureza búdica do discípulo projetada na experiência externa. É a culminância de um processo longo e convergente, no final do qual os gurus externo e interno finalmente coincidem. É um momento de revelação no qual o discípulo internamente reconhece a natureza da mente e externamente experimenta uma convicção espontânea e livre de elaborações de que seu/sua professor(a) é realmente o buda. A face do guru interno é revelada e as mentes do mestre e do discípulo se fundem de forma inseparável. Muitos relatos desse evento extraordinário são encontrados nas vidas dos grandes praticantes do passado.

Para os Nyingmapas, Guru Rinpoche é o arquétipo de tal professor, o "professor perfeito" que é capaz de colocar o discípulo diretamente no estado iluminado. Em um sentido bastante real, ele é nossa própria natureza búdica. "Meditem sobre o Guru", disse Yeshe Tsogyal certa vez, "como o brilho de sua própria mente lúcida"[6]. Sem dúvida é por isso que Guru Rinpoche aparece no mundo como uma figura de tal maneira maravilhosa, transcendendo totalmente as limitações da humanidade comum. Ele concentra em si todas as qualidades iluminadas da sabedoria autossurgida, nossa natureza búdica, que está sempre presente, além das fronteiras do espaço e do tempo. Como Guru Rinpoche declara para o rei Trisongdetsen no biografia de Yeshe Tsogyal:

> Do Campo de Lótus da Grande Felicidade,
> Livre de localização ou orientação, em lugar algum encontrado,
> Um orbe de luz-corpo, fala e mente vajras
> De Amitabha, livres de nascimento e morte —
> Desceu sobre a base de um lótus, não causado, não elaborado,
> Flutuando sobre um oceano vasto, ilimitado.
> Dele eu surgi.
>
> Nem pai, nem mãe, nem linhagem eu possuo.
> Espantoso, eu surgi por mim mesmo.
> Eu nunca nasci e nunca morrerei.
> Eu sou o iluminado, eu sou o Nascido do Lótus.[7]

Pode ser que algumas pessoas que se sentem atraídas pelos ensinamentos budistas ainda não tenham encontrado um professor plenamente qualificado. Para outros, esse encontro pode já ter acontecido, mas eles ainda precisam refinar sua forma de ver o professor até o ponto em que a relação mestre-discípulo se torne significativa da forma que tentamos descrever. Até que esse momento chegue, o discípulo é encorajado a praticar guru yoga utilizando Guru Rinpoche como base para a meditação. Esta técnica consiste na visualização de Guru Rinpoche, na invocação de sua presença, na recitação de seu mantra e em orações, na visualização do recebimento de suas bênçãos, e na fusão de sua própria mente com a dele em um estado de lucidez clara e não conceitual.[8]

Se o praticante tiver confiança o bastante em seu professor desta vida atual, é claro que é possível, e de fato bastante efetivo, praticar essa yoga em relação a ele, visualizando-o como ele aparece na vida comum. Mas este tipo de confiança, completamente livre do menor momento de hesitação, é extremamente rara. Para a maioria das pessoas é encorajada a visualização de seu próprio professor na forma de Guru Rinpoche, considerando que eles são inseparáveis. Ao fazerem isso, diz-se que os obscurecimentos e as dúvidas que as impedem de realmente perceberem (diferente de apenas acreditarem) o próprio professor como um buda, são removidos. Por último, mas não menos importante, é bom lembrar que a prática de guru yoga frequentemente exige que o(a) meditador(a) também se visualize de maneira elevada, como Yeshe Tsogyal, por exemplo, aparecendo sob a forma de Vajra Yogini.[9] A razão para isto é que guru yoga é uma espécie de "prévia" meditativa do encontro do professor perfeito com o discípulo perfeito que acabamos de descrever: o encontro último no qual a natureza búdica, o guru interno ou absoluto, é tanto revelada quando reconhecida.[10]

Dado o papel central que Guru Rinpoche exerce na prática de guru yoga, é fácil apreciar a importância da Prece de Sete Linhas, a grande e poderosa invocação que infalivelmente efetiva a presença do Guru. Não é uma fórmula comum, mas surge, assim como Guru Rinpoche, de outra dimensão. Assim como o Guru surgiu milagrosamente sem a necessidade de pais humanos, também se diz que a Prece de Sete Linhas se manifestou espontaneamente sem o intermédio da autoria humana. Ela é a "ressonância natural da realidade última indestrutível". As dakinis foram as primeiras a ouvi-la e a fazer uso dela, e a transmitiram ao mundo humano quando a necessidade se apresentou.

A guru yoga (quando baseada em Guru Rinpoche) e a Prece de Sete Linhas estão conectadas inextricavelmente. E assim como a guru yoga permanece crucial em cada estágio do caminho Vajrayana, também a Prece de Sete Linhas é relevante em todos os níveis da prática. Externamente, ela recorda o nascimento de Guru Rinpoche e seu local de origem; ela celebra sua realização e implora por suas bênçãos. Internamente, cada palavra sua é vista como impregnada e plena de significados que expressam de forma concentrada todo o Vajarayana. A Prece de Sete Linhas é como uma joia fascinante, multifacetada, que recebe e concentra dentro de si a luz de todo o caminho, refletindo-a de volta com um brilho intenso.

Em relação à origem deste comentário, Mipham se refere no colofão a um evento que disparou o surgimento abrupto em sua mente do significado oculto da prece. Provavelmente nunca saberemos o que provocou esta repentina epifania, mas é interessante notar que a linguagem que Mipham emprega sugere que o próprio comentário não é uma composição ordinária, mas o ensinamento de um tesouro, especificamente um "tesouro da mente", ou gongter. Se assim for, o texto é ele mesmo um ensinamento do próprio Guru Rinpoche, escondido muito tempo atrás na mente de seu discípulo, da qual estava destinado a emergir quando as circunstâncias corretas se apresentassem, sem a necessidade da descoberta dos tradicionais pergaminhos amarelos ou de algum outro material de apoio.[11]

Não há como negar a beleza e a profundidade deste texto maravilhoso. Seja qual for a natureza de sua origem, ele está escrito com a elegância e a clareza que são a marca registrada de todas as obras de Mipham. Mesmo assim, é um texto difícil para o tradutor, especialmente por conter muitas citações de tantras, que são famosos por seu estilo sutilmente elusivo. Fizemos o nosso melhor para garantir o significado dessas citações consultando autoridades eruditas tão frequentemente quanto possível. Porém, apesar de nossos melhores esforços, há alguns textos cujo significado nos escapou (para o nosso conhecimento consciente), e é claro que pode haver outros que interpretamos erroneamente sem perceber!

Agradecimentos

No trabalho desta tradução, agradecemos em primeiro lugar a Tulku Pema Wangyal Rinpoche, que como em tantas outras ocasiões nos demonstrou uma gentileza inestimável ao transmitir e explicar este texto. Somos gratos igualmente a Jigme Khyentse Rinpoche por sua ajuda generosa e encorajamento, e também a Khenchen Pema Sherab, cuja enorme erudição nos foi mais uma vez um ponto de apoio. Desnecessário dizer que todos os erros e confusões no significado e no estilo são completamente nossos.

Este texto foi traduzido por Helena Blankleder e Wulstan Fletcher do Padmakara Translation Group. Somos gratos a Jennifer Kane por sua assistência na introdução dos tradutores.

༄༅། ཧཱུྃ༔ ཨོ་རྒྱན་ཡུལ་གྱི་ནུབ་བྱང་མཚམས༔
པདྨ་གེ་སར་སྡོང་པོ་ལ༔
ཡ་མཚན་མཆོག་གི་དངོས་གྲུབ་བརྙེས༔
པདྨ་འབྱུང་གནས་ཞེས་སུ་གྲགས༔
འཁོར་དུ་མཁའ་འགྲོ་མང་པོས་བསྐོར༔
ཁྱེད་ཀྱི་རྗེས་སུ་བདག་བསྒྲུབ་ཀྱིས༔
བྱིན་གྱིས་རློབས་ཕྱིར་གཤེགས་སུ་གསོལ༔
གུ་རུ་པདྨ་སིདྡྷི་ཧཱུྃ༔

Hung
No país de Orgyen, em sua fronteira noroeste,
Sobre um lótus, pistilo e caule,
Espantosa e suprema realização você alcançou
E como o Nascido do Lótus você é renomado.
Um círculo de muitas dakinis o envolve,
Seguindo suas pegadas, praticando, nós o seguimos.
Para que conceda suas bênçãos, aproxime-se, nós oramos.

Guru Padma Siddhi Hung

Prólogo

Namo Guru Padma Manjushri Vajra Tikshnaya

Detentor do Vajra,
Você que é na verdade todos os budas dos três tempos,
Mestre Nascido do Lago
Surgindo como uma emanação neste mundo,
Corpo de sabedoria imortal, soberano dos vidyadharas,
Padmakara[1], ó glorioso,
Proteja-me agora, este ser vagante.

O lótus de meu coração, dotado com a tripla fé,
Está voltado para a estrela diurna do poderoso Conquistador
E se abre sob o esplendor de suas bênçãos.
Que as delicadas gotas de orvalho desta explicação se derramem docemente
E satisfaçam os desejos dos afortunados!

Entre todas as preces ao grande e glorioso mestre de Oddiyana[2], a corporificação de todos os budas do passado, do presente e do futuro, a invocação composta de sete versos vajra é suprema. Ela surgiu espontaneamente como a ressonância natural da indestrutível realidade absoluta e é uma imensa mina de tesouros de bênçãos e realizações. Na sadhana sobre a Prece de Sete Linhas extraída de um

tesouro do Darma de Pema Garwang Chimé Yudrung Lingpa[3], Guru
Rinpoche declara [ao rei Trisongdetsen e seus companheiros]:

Quando eu, o Lótus Que Sustenta Todas as Coisas[4],
Estava repousando em absorção na vasta e primordial expansão,
Fui invocado pelo som vajra, manifestação da realidade absoluta,
Uma melodia autossurgida em sete linhas.

Eu despertei então na majestade ilimitada do sambhogakaya,
Revelando uma hoste de budas e seus campos que permeiam
    o espaço
Dotados com a certeza quíntupla[5].

Então as cinco gloriosas mães da expansão absoluta
Imploraram com uma canção em sete linhas para que eu
Trabalhasse para o bem dos seres.
E, portanto, sobre uma flor de lótus elevada sobre seu caule,
Dentro do oceano de leite no campo do êxtase supremo,
Eu fui manifestado,
Renomado como Thödreng, Guirlanda de Crânios,
Na linhagem quíntupla.
Minha vida e feitos estão além da imaginação.

Assim, cem milhões de dakinis de sabedoria
Em uma única voz me chamaram
Para que eu propagasse a doutrina do Mantra Secreto,
Suplicando-me através da canção em sete linhas
Para vir até este mundo,
O campo que Shakyamuni domou.
E assim, no país de Orgyen, o berço dos mantras,
No Lago Dhanakosha, sobre um maravilhoso lótus elevado
    sobre seu caule,

Surgindo do campo do êxtase eu vim.
Como "Vajra Nascido do Lago", portanto, eu sou conhecido.
Revelando maravilhas inconcebíveis,
Minhas formas espantosas são infinitas.

Para as dakinis e dakas do lago,
A secreta essência dos grandiosamente secretos ensinamentos eu expus:
Cem milhões de tantras, agamas e upadeshas
Da *Rede Mágica de Padma*,
Para ajudar os vivos e aqueles que ainda viriam
De acordo com suas diferentes inclinações.
Essas doutrinas foram todas condensadas
Em sadhanas sobre mim mesmo, o Guru —
Eu mesmo, a corporificação das três raízes.

A prece em sete linhas é a raiz de todas essas sadhanas.
Em relação à Base, essas linhas denotam
Os sete tipos de consciência[6];
Em relação ao Caminho, elas representam
Os sete ramos da iluminação[7];
E quando o Fruto é alcançado, elas são aperfeiçoadas
Como as sete riquezas sagradas do absoluto[8].

Assim, se apenas me invocarem
Com esta melodia de som vajra,
Eu, Padma, não poderei deixar de vir até vocês.
Eu lhes oferecerei minhas bênçãos e concederei
A iniciação da grande sabedoria primordial.
As multidões de deidades
Das três raízes se reunirão como nuvens
Para conceder, desimpedidas, as realizações comuns e supremas.

E nas suas vidas comuns, ou em suas meditações,
Ou nas visões de seus sonhos, vocês me encontrarão.
Espirais de luz de arco-íris vocês verão, e sentirão doces fragrâncias,
Ouvirão árias celestiais e os agradáveis toques do damaru.
Seus corpos, falas e mentes permeados pelas bênçãos,
Vocês alcançarão a realização em um único salto
Em virtude da força de sua lucidez.
Oito classes de espíritos orgulhosos estarão sujeitas ao seu comando.

Todos vocês conectados a mim desta forma receberão o poder de minhas bênçãos,
E velozmente, para conquistar a realização dos vidyadharas,
Vocês nunca se separarão de mim, o Nascido do Lótus.
Samaya!

As três raízes são personificadas em mim mesmo,
A forma vajra surgida do lago,
Manifestando-se como uma rede mágica de emanações.
Se orarem a mim de acordo com suas aspirações,
Eu concederei realizações correspondentes a elas.

Para vocês, que agora são o rei e seus súditos,
E para o benefício de meus discípulos do futuro,
Eu ensino com amor a essência de meu coração.
Não divulgada, mas como um tesouro profundo ela deve agora ser ocultada.
Nos maléficos tempos que estão por vir, meu próprio discípulo se manifestará;
E naquele momento, dotado com sabedoria,
Através do poder da prece de Vairotsana[9],

Ele revelará os meios para domar os seres,
Resplandecendo com letras simbólicas de luz.
Assim, larga e amplamente, se espalhará uma fonte de ajuda
para os migrantes.
Samaya!

Conforme registrado em sua história, a Prece de Sete Linhas é famosa como uma invocação utilizada pelas dakinis vajra para convidar Guru Rinpoche para seus festins sagrados.

Além disso, muito tempo atrás, aconteceu de quinhentos mestres não budistas, especialistas em gramática e lógica, se encontrarem no glorioso monastério de Nalanda, com a intenção de extinguir o Budadarma. Quando os eruditos budistas se mostraram incapazes de competir com eles, a dakini Paz Suprema apareceu para a maioria deles em seus sonhos e os aconselhou com a seguinte profecia. "Como poderiam *vocês* derrotar os não budistas?", ela gritou. "Se não convidarem meu irmão Dorje Thödrengtsel, que agora está morando no Cemitério Escuro, os ensinamentos do Buda serão completamente destruídos!"

"Mas o caminho até lá é difícil", eles disseram. "Não podemos fazer o convite."

"Vão até o topo do templo", disse a dakini, "e preparem uma grande oferenda. Queimem incenso e toquem música e, com profunda devoção, orem juntos como eu vou lhes ensinar."

Os eruditos recitaram a Prece de Sete Linhas que a dakini lhes ensinou e naquele mesmo instante Guru Rinpoche apareceu diante deles vindo do céu. Assumindo a posição de líder dos quinhentos eruditos, ele venceu os quinhentos mestres não budistas através de raciocínio e apelando para a autoridade escritural. Então, quando chegou o momento de uma disputa de poderes milagrosos, a dakini face de leão deu a Guru Rinpoche uma caixa de couro e lhe disse para subjugar os pagãos. Raios caíram e todos os não budistas que tinham intenções maldosas foram aniquilados, enquanto o restante foi convertido ao Budadarma. Foi assim que a Prece de Sete Linhas se espalhou larga e amplamente.

Quando em tempos posteriores Guru Rinpoche veio ao Tibete e aqui estabeleceu o ensinamento do Buda, ele ofereceu esta prece ao rei e seus súditos, que tinham o mérito cármico para recebê-la. Ele também pensou nas gerações futuras, e de forma tão intensa que não há um único terma, ou tesouro oculto do Darma, no qual a Prece de Sete Linhas não esteja presente. E até os dias de hoje esta prece é um grande depósito de tesouros de bênçãos e realizações.

Em resumo, esta prece pode ser explicada em três níveis. Externamente, o sentido literal é explicado; internamente, o significado oculto das palavras vajra é revelado; por fim, é oferecida uma explicação de como esta prece é implementada no caminho.

Uma explicação do significado externo, literal da Prece de Sete Linhas

> Eu, o mestre de Oddiyana, corporificação de todos os budas dos três tempos, sou indivisível de Samantabhadra, o dharmakaya primordial autossurgido que, desde o princípio, é completamente liberado. Dentro da expansão do dharmakaya, eu estou natural e espontaneamente presente como o sambhogakaya em cinco linhagens. E a natural radiância do sambhogakaya se manifesta como a exibição inconcebível do nirmanakaya. Esta é a esfera dos budas e de ninguém mais.

Como essa citação das palavras vajra de Guru Rinpoche mostra, a manifestação dos três kayas do Guru é infinita. Aqui mesmo neste campo do Buda Shakyamuni, em nosso sistema cósmico de três níveis de mil denominado Tolerância[10], em suas centenas de milhões de campos puros e dentro de cada um dos seis reinos ou estados de ser dentro dos trinta e seis universos situados acima, abaixo e nas quatro direções cardeais, Guru Rinpoche aparece em uma exibição variada de diferentes formas e com diferentes nomes. Em nosso próprio mundo de Jambudvipa ele possui oito manifestações[11], vinte outras emanações e assim por diante, acompanhadas por uma hoste inconcebível de emanações secundárias. E assim ele propaga os ensinamentos do Buda. Nos tempos atuais ele aparece sob três formas[12], nos andares superior, intermediário e inferior do palácio da Luz de Lótus na Montanha Cor de Cobre no coração da terra de Chamara. Diferentes manifestações de Guru Rinpoche, conhecidas por diversos nomes, habitam em cada um dos vinte e um países dos demônios que circundam aquela região. Em resumo, assim como o dharmadhatu é infinito, também o são as atividades de Guru Rinpoche.

Ele também surgiu durante as vidas dos budas de eras passadas, e se diz que em nossa era atual, a época do Buda Shakyamuni, muitos dos eruditos e seres realizados na Índia e em outros lugares eram e são suas emanações. Suas bênçãos e orientação são concedidas a todos os detentores dos ensinamentos. Na Índia, na China, em Shambhala[13], na Indonésia e em outros reinos, suas manifestações trabalham arduamente para o benefício da Doutrina e dos seres.

Aqui no Tibete Guru Rinpoche colocou seus pés em cada região, abençoando toda a terra. Ele escondeu muitos tesouros profundos do Darma e profetizou sua descoberta posterior em diferentes eras. Ele colocou os deuses e espíritos sob juramento vajra e fez promessas para o futuro, dizendo que, enquanto o Budadarma permanecer, suas emanações protegerão a terra e o povo do Tibete. Ele confiou o país à proteção das doze deusas Tenma, resguardando-o assim das incursões daqueles que estão fora do Darma. E no futuro, quando problemas trouxerem ameaças de forças bárbaras, será como Taksham Samten Lingpa predisse em uma profecia secreta: "Eu, Padmasambhava, assumirei o nome de Raudra Chakti[14], e com meus vinte e cinco discípulos, o Soberano e seus súditos, eu, o rei da linhagem, serei escoltado por meu exército." Assim ele profetizou que subjugaria os bárbaros e propagaria os ensinamentos do Mantra Secreto. Guru Rinpoche predisse também que a maioria dos detentores não sectários da Antiga e das Novas tradições na gelada terra do Tibete seriam suas emanações. Ele revelou sua face e concedeu bênçãos incontáveis e instruções para a maioria dos eruditos e seres santos realizados. Isso é claramente evidente em suas respectivas biografias.

Guru Rinpoche também disse que no futuro, quando Maitreya for o Buda deste mundo, ele mesmo surgirá como um bodisatva. Ele será um professor para os seres e disseminará amplamente a doutrina do Mantra Secreto. Na verdade, ele prometeu aparecer simultaneamente a cada um dos budas deste kalpa afortunado. Ele permanecerá em seu corpo imortal, indestrutível de sabedoria, a base de suas emanações, pelo tempo em que houver seres sencientes. Ele manifestará suas emanações tão ilimitadas quanto o espaço e o tempo, trabalhando para o bem-estar dos seres do futuro. Como ele mesmo disse com suas palavras vajra:

> Renomado eu sou como Padma, o automanifesto,
> Emanado do coração do Buda Amitaba, luz ilimitada,
> O brilho da fala do elevado Avalokita.
> Irmão das dakinis e rei dos dakas,
> Eu sou a ação dos budas dos três tempos.
> Grande Samantabhadra, incomparável Vajradhara,
> Ambos eu sou,
> Poderoso e compassivo, surgindo sob minhas formas emanadas.
> Fortes são minhas atividades, assistindo aos seres de acordo com suas necessidades.

Eu sou sua joia que realiza desejos, a satisfação de suas esperanças.

Guru Rinpoche também disse:

Para os seres que são fortes em sua fé devotada
Eu sou mais veloz na compaixão que todos os outros budas.
Até que os três mundos do samsara estejam todos vazios de seres,
A compaixão de Padmasambhava não se exaurirá.

Tais são as inconcebíveis proezas de Guru Rinpoche. Uma delas, como relata a Prece de Sete Linhas, foi a forma com que ele revelou seu nirmanakaya neste mundo:

Hung
No país de Orgyen, em sua fronteira noroeste,
Sobre um lótus, pistilo e caule,
Espantosa e suprema realização você alcançou
E como o Nascido do Lótus você é renomado.
Um círculo de muitas dakinis o envolve,
Seguindo suas pegadas, praticando, nós o seguimos.
Para que conceda suas bênçãos, aproxime-se, nós oramos.
Guru Padma[15] Siddhi Hung

A prece inicia com a pronúncia da sílaba **Hung**, que é a sílaba semente autossurgida da mente de todos os budas. Ela invoca a mente iluminada do próprio Guru Rinpoche.

Jambudvipa, este nosso mundo localizado ao sul da montanha cósmica Meru, agrupa seis províncias principais. Entre elas, a região no extremo oeste é o país dos vidyadharas. Essa é Oddiyana, ou **Orgyen**, o **país** das dakinis, onde **em sua fronteira noroeste** há uma extensão de água repleta com as oito excelências e livre de qualquer imperfeição. Este é o Lago Dhanakosha. Ele é um símbolo da vacuidade dotada com as qualidades supremas, a rainha da expansão absoluta. Esse lago é perfeito de todas as formas, como é óbvio mesmo para a percepção das pessoas comuns. Ele está preenchido por flores de lótus, das quais a maior, crescendo no centro do lago, é um **lótus** de beleza marcante tanto em suas pétalas quanto em seu **pistilo**.[16] A partir do **caule** da flor crescem outros lótus, totalizando cinco. Cada um possui uma cor diferente, correspondendo às cinco famílias iluminadas e simbolizando as cinco sabedorias. O lótus no centro é vermelho para indicar a família Lótus.

O nó sem fim[17], o precioso e imaculado depósito de tesouros do coração do Buda Amitaba, está preenchido com a sílaba Hri, resplandecente com raios de luz de cinco cores. É a essência de todas as bênçãos e qualidades dos três segredos dos incontáveis budas do passado, presente e futuro. Quando chega o momento de Guru Rinpoche trabalhar para o benefício dos seres, incontáveis budas e bodisatvas das dez direções espalham flores, enquanto os dakas e as dakinis, assim como os protetores e guardiões dos campos búdicos, realizam a dança vajra e cantam a canção vajra. Então, de forma a trazer alegria e alívio para os seres das três dimensões da existência, a sílaba HRI desce até o pistilo do lótus vermelho central e se transforma no rei dos vidyadharas, o grande e destemido Guru, que é incomparável nos três mundos e que é nobre, com muitas extraordinárias qualidades de grandeza. Por seu imenso mérito, seu próprio corpo é uma fonte de benefício para os seres[18]; com seus ensinamentos ele os beneficia através da fala; e com sua mente ele os beneficia por meio de sua sabedoria lúcida. Com seu poder inconcebível, milagroso, ele guia os seres para a liberação.

Ele revelou-se de uma forma imaculada, autossurgida, adornado com as marcas maiores e menores da iluminação. Ele recebeu o poder como filho do rei Indrabuthi, mas mais tarde renunciou ao reino e abraçou a vida de um iogue praticando nos oito cemitérios, onde treinou nos ensinamentos ilimitados dos veículos externos e internos.[19] A história de sua vida e seus feitos estão além da imaginação. Ele exibiu uma hoste ilusória de oito manifestações. Com força invencível, ele aniquilou demônios, rakshasas e espíritos malignos, e colocou sob seu poder os espíritos orgulhosos e arrogantes do mundo. Ele colocou muitos seres no caminho do Grande Segredo que os conduz à maturidade e lhes concede a liberação. Ele é o objeto das mais maravilhosas preces em todos os três mundos. E quando lemos sobre a vida **espantosa**, prodigiosa do Mestre, o segundo Buda, que é descrita nas escrituras confiáveis das transmissões kahma e terma, somos inspirados com fé nele. Além do mais, esse grande ser não possui apenas as realizações comuns, mas ele também está perfeita e primordialmente iluminado: **suprema realização** ele **alcançou**, o estado de união do grande Vajradhara. E **como o Nascido do Lótus** ele é **renomado** na hoste sem fim dos infinitos campos búdicos.

Nós o reconhecemos, juntamente com seu séquito, como a personificação dos Três Refúgios, a proteção absoluta, genuína, a quem podemos rezar com confiança total. Este supremo vidyadhara, o maior dos maiores, é seguido pelos discípulos extraordinários do Mantra Secreto. Pois **um círculo de muitos** dakas e **dakinis**, tão infinitamente numerosos como as sementes de gergelim em uma vagem aberta, o **envolve**. Na verdade, ele está circundado por um oceano ilimitado de deidades das três raízes e de protetores. Mas como esse séquito é apenas a exibição ilusória da própria sabedoria de Guru Rinpoche, que beneficia os seres de acordo com suas necessidades, ele e seu séquito não são distintos em natureza e são o objeto comum de nossa súplica.

É com confiança completa que oramos a Guru Rinpoche. Com um anseio vívido e fé confiante em suas sublimes qualidades, que são como joias que realizam desejos, nós expressamos nossa devoção por meio da palavra e da ação, orando e fazendo prostrações.

Sabendo que tal refúgio não é enganoso, **nós** abandonamos as coisas deste mundo como se fossem palha sem valor, e com fé e confiança concentradas, nós **seguimos as pegadas** de Guru Rinpoche, **praticando** sem interrupções. Portanto, nos dirigimos a ele dizendo:

> Verdadeiro Mestre infalível de compaixão ilimitada, neste exato momento, não se afaste de nós e daqueles que, como nós, estão se afogando no oceano dos três sofrimentos.[20] **Para que conceda suas bênçãos, aproxime-se, nós oramos.** Como um alquimista, transmute o ferro em ouro: abençoe com os três segredos inconcebíveis de corpo, fala e mente iluminados, o corpo, fala e mente ordinários de todos nós que temos esperança em você e que corremos até você buscando refúgio. E a partir da Montanha Cor de Cobre — ou seja qual for o campo búdico nirmanakaya em que você esteja residindo[21] — aproxime-se, pela grande habilidade de sua compaixão, e permaneça conosco.

Tendo invocado assim as bênçãos do Guru nós recitamos seu mantra.

O **Guru** é aquele que está "carregado com as qualidades perfeitas", o professor insuperável.[22] **Padma** é a primeira parte do nome do grande mestre de Orgyen, ao passo que **Siddhi** se refere às realizações comuns e à suprema que são nosso objetivo. Finalmente, com **Hung** nós invocamos o precioso mestre, implorando que ele nos conceda realizações.

É assim, então, que oramos ao grande mestre de Orgyen, a corporificação de todos os budas. A primeira linha da prece revela o local de seu nascimento; a segunda, a maneira pela qual ele nasceu; a terceira mostra a natureza extraordinária de sua grandeza; e a quarta revela especificamente o verdadeiro nome de Guru Rinpoche. A quinta linha menciona o séquito do Guru, os dakas e dakinis aos quais também oramos, mas que na verdade nada mais são que a exibição da compaixão dele, que ajuda os seres de acordo com suas necessidades. A sexta linha nos mostra como deveríamos rezar. Tendo contemplado as qualidades do Guru nós voltamos nossos corações para ele e oramos com fé irreversível, expressando nossa devoção tanto física quanto verbalmente—ansiosos para nos tornarmos finalmente inseparáveis dele. A sétima linha, junto com o mantra, nos mostra que, através de tal invocação, nossas mentes são abençoadas e alcançaremos as realizações. Se tivermos devoção e rezarmos para Guru Rinpoche, que repousa em um corpo imortal de sabedoria nos campos búdicos nirmanakaya naturais, as bênçãos de sua compaixão imediatamente e com certeza recairão sobre nós.

Em *A Essência do Coração das Sete Linhas*[23], um tesouro em texto revelado por Guru Chökyi Wangchuk, o próprio Guru Rinpoche descreve a forma como deveríamos rezar com confiança nele:

Curvo-me em homenagem à deidade yidam!

Se você, meu nobre filho, descendente feliz de uma era futura,
Aceitar a mim, o Mestre de Orgyen, como seu refúgio,
Permaneça em isolamento e deixe o seu coração ser preenchido
Pela tristeza diante deste mundo passageiro,
E — este é um ponto crucial — canse-se do samsara.
Então ofereça a mim sua mente, seu coração, a essência de
  seu ser,
Considerando a mim, o Mestre de Orgyen,
Como aquele em quem você deposita sua esperança, o refúgio
  perfeito.
Apoie-se em mim em todas as suas esperanças e tristezas.
Riquezas não são necessárias, nem oferendas ou louvores!
Simplesmente com devoção de corpo, fala e mente,
Invoque-me com esta prece em sete linhas:

"Hung
No país de Orgyen, em sua fronteira noroeste,
Sobre um lótus, pistilo e caule,
Espantosa e suprema realização você alcançou
E como o Nascido do Lótus você é renomado.
Um círculo de muitas dakinis o envolve,
Seguindo suas pegadas, praticando, nós o seguimos.
Para que conceda suas bênçãos, aproxime-se, nós oramos.
Guru Padma Siddhi Hung"

Assim, ore a mim repetidamente,
Com profunda devoção, lágrimas em seus olhos.
E quando, a partir da intensidade da fé, sua mente estiver
Sem pensamentos,
Com "Ha!" exale e se estabeleça em um estado de límpida clareza,
Contemplando sem distrações a pureza livre e imaculada!

Qual a necessidade de dizer que eu protejo
Os filhos e filhas que oram a mim dessa forma!
Eles se tornam os descendentes dos budas dos três tempos.
Com a iniciação da lucidez alcançada em suas mentes,
Sua concentração repousa com força estável e a sabedoria floresce.
Pela força das bênçãos grandiosas e autossurgidas,
Eles alcançarão a maturidade;
Eles afastarão os sofrimentos dos seres e serão seus protetores.

Eles mesmos transformados,
A experiência dos outros também transformarão,
E assim darão surgimento às ações do estado búdico.
Neles todas as qualidades estarão aperfeiçoadas.

Que meu filho do coração encontre e traga à luz
Este poderoso instrumento de amadurecimento e liberdade
No estado da grande iluminação, o dharmakaya.

A Prece de Sete Linhas, uma prática dotada de bênçãos extraordinárias, é extremamente profunda. Que esta instrução secreta, o tesouro do meu coração, seja encontrada por Chökyi Wangchuk, compassivo e sábio.

De acordo com essa instrução deveríamos visualizar o supremo Rei do Lótus clara e firmemente no céu diante de nós, sentado sobre uma flor de lótus imaculada no lago de Dhanakosha no país de Orgyen, acompanhado por seu séquito de dakas e dakinis tão numerosos quanto sementes em uma vagem de gergelim. Isso constitui a fase da aproximação. Rezar devotadamente a Guru Rinpoche com a aspiração de realizar os três vajras[24] em nosso corpo, fala e mente é a fase da aproximação íntima. Estas duas práticas (aproximação e aproximação íntima) constituem o estágio da geração.

Por fim, assim como fragmentos de ferro atraídos por um ímã, infinitos budas e bodisatvas residindo nas dez direções se aproximam e se dissolvem no Guru e seu séquito. Estes, então, se dissolvem em luz, que se dissolve em nós. Isso constitui a fase da realização.

O modo absoluto de existência, a base na qual tanto nós quanto Guru Rinpoche somos primordialmente inseparáveis — ou seja, a sabedoria primordial autossurgida, que não está sujeita a movimentos de pensamentos discursivos — é referido como **Guru**. Como as próprias percepções deludidas são primordialmente puras, o caminho está livre de todo esforço e o fruto está presente espontaneamente como um lótus totalmente desabrochado. Portanto, [o próprio caminho] é referido como **Padma**, ou lótus. Pois o fruto não é algo que ocorre em um estágio posterior como resultado da prática.

Na expansão absoluta, que é autossurgida e espontaneamente presente, a sabedoria primordial da própria lucidez está claramente [e primordialmente] manifesta. Isto é referido como **Siddhi**, ou realização. E apesar de que, em termos de distinções conceituais, a sabedoria primordial autossurgida possa ser classificada como base, caminho e fruição, os três não são diferentes em natureza. Isto é percebido diretamente pela própria lucidez cognitiva e é indicado pela sílaba **Hung**. Isto se refere à fase de grande realização da prática. Os dois passos de realização e grande realização constituem a prática do estágio da perfeição.[25]

O significado disso é que deveríamos recitar a Prece de Sete Linhas sem nunca nos afastar da prática na qual os estágios da geração e da perfeição estão unidos. As primeiras cinco linhas descrevem a visualização, e assim constituem a fase da aproximação. A sexta linha expressa confiança e fé em Guru Rinpoche, e assim é a fase da aproximação íntima. Então, com a sétima linha, nós nos fundimos inseparavelmente com o Guru, e esta é a fase da realização. Ao recitarmos o mantra com nossas mentes inseparáveis do Guru, nós contemplamos a face do grande dharmakaya.[26] Esta é a fase da grande realização. Portanto, todas as quatro fases de aproximação e consumação estão completas nessa mesma prece.

Se nos esforçarmos na recitação da Prece de Sete Linhas (conforme a descrição) — tendo estabelecido de antemão o período que dedicaremos à prática[27] — e se perseverarmos em nossos esforços com devoção unifocada e sem sermos arrastados pela distração, isso constitui a fase da aproximação. Quando começarmos a sentir o efeito das bênçãos de Guru Rinpoche, essa é a fase da aproximação íntima. Quando recebermos sinais de realização (seja no estado desperto, na meditação ou em sonhos), e continuarmos a nos dedicar à recitação da prece ao Guru, essa é a fase da realização. Finalmente, quando nosso corpo, fala e mente forem abençoados e compreendermos que o Guru e nossas mentes são inseparáveis, essa é a grande realização. Como é relatado no tesouro em texto descoberto por Ngari Rigdzin intitulado *A Sadhana Exterior do Vidyadhara Que Corporifica os Oito Herukas*[28]:

> Um soberano totalmente satisfatório é esta prece em sete linhas.
> Pelo poder da aspiração você verá a face do Guru diretamente.
> Por sete ou vinte e um dias recite esta prece.
> Realizações e bênçãos choverão sobre você;
> Você será libertado de qualquer obstáculo.

E o próprio Guru Rinpoche prometeu com suas palavras:

> Se com uma melodia esperançosa vocês entoarem estas sete linhas,
> Invocando-me intensamente ao som da batida do tambor de crânio,
> Desde a gloriosa montanha em Ngayab eu os abençoarei, eu que venho de Orgyen,
> Como uma mãe incapaz de resistir
> Às lágrimas de seu querido bebê.
> Esse é meu compromisso ou então irei para o inferno!

No texto não catalogado *O Guru como a Reunião dos Segredos*[29], Guru Rinpoche diz:

> Neste dia especial entre os dias,
> O décimo dia do mês do macaco, no ano do macaco,
> E todos os décimos dias da lua — em tais momentos de poder,
> Enviando emanações eu recobrirei o mundo,

Para conceder generosamente siddhis supremos e comuns.
Se você passar sua vida realizando o Mestre,
Quando o momento da dissolução chegar,
Você se dissolverá no meu coração, o Guru de Orgyen.

Em *O Guia Secreto para Realizar o Guru*[30] é dito:

Quando no estágio da geração
De qualquer sadhana
Você meditar claramente,
Ali eu estarei diante de você.
Quando você constrói a mandala
E dispõe as tormas e substâncias de oferenda,
Não tenha dúvidas, eu virei até você.

O mesmo texto também diz:

Meditem em Padmasambhava
Corporificado em uma forma de luz e não de carne,
E tenham grande confiança.

E:

Eu virei, incapaz de resistir,
Quando com devoção e preces fortes e fervorosas
Vocês orarem a mim, o Nascido do Lótus de Orgyen.
Eu virei até vocês.

E:

Repetidamente rezem assim para mim:
"Na alegria e na tristeza, na fortuna e na adversidade,

Na morte, na vida, neste mundo e no próximo,
Em cada circunstância, tanto agora quanto no final,
Na bondade ou na maldade, você é minha esperança, meu refúgio de sabedoria.
Não há outra esperança para mim.
Ó Guru de Orgyen, você que tem conhecimento, eu confio em você."

E:

Realizando a mim, você realizará todos os outros budas;
Todos os outros budas você verá ao me ver,
Pois eu sou a corporificação de todos os Sugatas.

E:

Com aqueles que possuem corações devotos eu permaneço,
Nunca estou separado deles.

E:

Tão longe quanto o próprio espaço se estende,
Da mesma forma serão encontrados seres vivos;
Pela duração do carma e dos obscurecimentos,
Velozes assim são minhas atividades.

Está escrito em *Notas sobre a Prática do Guru como a Reunião dos Segredos*[31]:

Se você deseja completar rapidamente as duas acumulações,
A realização do objetivo quintessencial,
Então — melhor que os tantras e seus comentários

Do Veículo Vajra resultante do Mantra Secreto —
Medite sobre o Guru!

Da mesma forma o *Tantra da Fonte do Néctar*[32] declara:

Comparada com a meditação sobre cem mil deidades,
A meditação sobre o único e absoluto Guru é suprema.

E a *Invocação para o Décimo Dia*[33], um tesouro em texto de Ratna Lingpa, contém estas palavras de Guru Rinpoche:

A partir de mim, o Nascido do Lótus —
E por meio de meus pensamentos virtuosos para o bem dos outros —
Reveladores de tesouros, emanações, surgirão em diferentes momentos
E manifestarão profundos tesouros...

Em resumo, além de todo engano estão meus meios de benefício,
A bondade do guru que veio de Orgyen não é pequena, mas muito grande.
Cada região possui um lugar elevado e consagrado,
Um monumento onde Orgyen é relembrado.
Em cada fronteira haverá um depósito de tesouros.
Essa também será a marca da memória de Orgyen.

E da mesma forma se diz que os diferentes rituais e práticas para subjugar as forças maléficas — que são realizados em cada vila por monges ou praticantes leigos do Mantra Secreto — também são memoriais ao mestre de Orgyen. E o texto diz mais:

Se relatados brevemente, meus meios para beneficiar estão
além da imaginação,
E serão todos memoriais a mim, o Guru de Orgyen.
Nos tempos futuros quando as pessoas ansiarem por mim
E pensarem em mim com amor esperançoso,
Contemplem, eu estarei ao seu lado.
E todos que ao décimo dia da lua crescente
Recordarem e me trouxerem à lembrança—
Eles e eu nunca estaremos separados...

Eu sou Padmasambhava, eu não digo mentiras.
E assim, seres devotos, fiquem felizes...

Ao rei e à corte, meus seguidores no Tibete,
Eu digo que no décimo dia da lua crescente
Eu assumo o compromisso de voltar
E Padmasambhava não engana...

E ao rezarem com a invocação em sete linhas
Minhas bênçãos fluem em um fluxo sem fim;
E quando minhas bênçãos recaem e sua meditação se aquece,
Saibam que este é um sinal de que eu estou presente...

Entretanto, na verdade para mim não há ir ou vir.
Vocês me encontram quando seu carma e suas obscuridades
Ambos são purificados.
De acordo com as preces e percepções relativas
Daqueles que podem ser treinados por mim
Eu estou realmente residindo na terra dos rakshasas.
Porém, como o fluxo de minha compaixão é ininterrupto,
Estou constantemente presente para aqueles com fé em mim...

E assim, no décimo dia do mês,
Invoquem-me com fervor,
Sabendo que vocês caíram no samsara.
Ofereçam a mim suas mentes, seus corações, a própria essência de seus seres.

Essas são apenas algumas das promessas vajra infalíveis de Guru Rinpoche. Existem muitas outras.
No *Épico de Padma*[34], Guru Rinpoche se dirigiu à princesa da seguinte forma:

> Neste nobre campo que o Buda domou
> Uma emanação do Mestre se encontra diante de cada ser.
> Em eras passadas eu fui Amitaba, o Senhor da Luz Ilimitada,
> E sobre a colina de Potala, o Senhor Que Tudo Vê[35],
> E Padmasambhava sobre o Lago Dhanakosha.
> Eu apenas pareço possuir essas três identidades,
> Pois na verdade elas nunca foram separadas umas das outras.
> Samantabhadra no dharmadhatu,
> Grande Vajradhara no campo do Denso Ornamento,
> O Conquistador sobre o Trono Vajra[36]:
> Todos inseparáveis, todos por natureza são Padmasambhava, eu mesmo.
> Minhas bênçãos, que trazem benefício aos seres, são grandiosas e maravilhosas...
>
> Minhas duas acumulações estão completas, todas as qualidades aperfeiçoadas.
> Eu sou o maior dos herdeiros dos budas, minhas emanações inconcebíveis,
> Que em todos os momentos, no presente, no passado e no futuro,

Elevam e plantam a bandeira da Doutrina nas dez direções.

No colofão do conselho transmitido a Tsogyal, extraído da *Prece em Sete Capítulos*[37], Guru Rinpoche declarou:

> Eu estou abençoado por todos os budas do dharmakaya, empoderado por todos os budas do sambhogakaya, e comandado por todos os budas do nirmanakaya para propagar a Doutrina do Buda no continente cósmico do sul e para guiar os seres com os ensinamentos do resultado do Mantra Secreto.
>
> Com essa meta,
>
> Sobre o caule de um lótus em um lago precioso
> Eu me corporifiquei em uma forma emanada, autossurgida.
> Portanto, todos aqueles que, abençoados pelo carma e dotados com fé,
> Invocam-me com esperança profunda e fervorosa,
> Através de suas orações, que conectam o elo entre a causa e seu efeito —
> Meu amor por eles é mais veloz que o amor de outros budas.
> E assim, com fé, ó Tsogyal, reze para mim incessantemente.

Quando no *Épico de Padma* Guru Rinpoche é implorado pela princesa, ele responde: "Resultados são conquistados de acordo com a natureza das próprias preces. Reze para mim. Suas necessidades e desejos serão, assim, satisfeitos." No *Guia para Realizar o Guru*[38] está escrito:

> No décimo dia do mês do macaco, no ano do macaco,
> Em cada região do Tibete
> Eu, aquele vindo de Orgyen, aparecerei,
> E isto é certo, meu compromisso e promessa.

Todo décimo dia da lua eu virei
E por minhas emanações o Tibete será recoberto.
Este é o meu compromisso sagrado. O Nascido do Lótus é incapaz de enganar.

Firmem suas mentes em mim, todos vocês que possuem devoção,
Façam uma torma como uma joia flamejante, decorem-na com um bastão de incenso,
E invoquem-me com música e o som do tambor de crânio.
Recitem a prece de sete linhas, invocando-me com fervorosa melodia.
E da colina de Ngayab, eu, aquele vindo de Orgyen,
Como uma mãe incapaz de resistir
Ao choro de seu filho querido,
Chegarei para conceder minhas bênçãos.
Esse é o meu compromisso e que o inferno me espere se eu falhar.

Guru Rinpoche fez muitas destas promessas vajra não enganosas.

No quarto capítulo de um texto descoberto por Ratna Lingpa, *O Depósito de Tesouros Preciosos da Transmissão Oral*[39], é dito no conselho dado a Yeshe Tsogyal:

De tempos em tempos vá até um local agradável, o topo de uma montanha ou algum vale solitário, e reze para mim com o máximo de sua voz — tão alto como se sua própria cabeça fosse explodir. Cheia de devoção, permita que o cansaço diante do samsara e um anseio por estar livre dele a inundem até que copiosas lágrimas transbordem de seus olhos. Esta é uma instrução crucial, pois purificará muitos de seus obscurecimentos cármicos. As experiências meditativas naturalmente ocorrerão.

Na seção histórica de *O Irado Guru*[40] um tesouro em texto do vidyadhara Terdag Lingpa, se diz que Guru Rinpoche disse:

> Se você deseja rápidas realizações e bênçãos especiais
> Faça oferendas e medite sobre mim, o Nascido do Lótus.
> E assim como todas as necessidades e desejos são espontaneamente satisfeitos
> Para aqueles que rezam diante da joia que realiza desejos,
> Da mesma forma incontáveis budas o abençoarão e o protegerão como se fosse seu único filho.
> Aqueles atados por juramento e as dakinis derramarão sobre você realizações;
> Os espíritos demoníacos orgulhosos do mundo seguirão a sua vontade;
> Suas próprias ações espontâneas serão uma fonte de liberdade para todos os seres vivos.
> Confiar dessa forma em mim produz tais benefícios.
> Jogue fora suas dúvidas, esforce-se na prática!
> Ó rei e súditos, se estiverem sendo enganados,
> Então Padmasambhava é realmente fraco!

Todas essas infalíveis promessas vajra nós deveríamos guardar em nossos corações. Deveríamos considerar Guru Rinpoche como nossa joia que realiza desejos, a corporificação completamente satisfatória de todos os refúgios. E deveríamos considerar esta invocação soberana das sete linhas como nossa prática principal, recitando-a com devoção firme, equilibrada, nem tensos demais nem relaxados. Como é dito na *Montanha de Cristal* (o tantra do corpo iluminado da *Essência da Sabedoria do Guru*)[41]:

Em um lago imaculado sobre um pistilo crescente
Está sentado Padma Vajra Tsel, não corrompido pelo nascimento humano,
E com ele está Mandarava, a rainha que concede o êxtase.
Como meios e sabedoria, vacuidade e êxtase, eles dançam supremos.
Ele é a essência e a corporificação de todos os Conquistadores,
Exibindo e surgindo como muitas emanações.

Como foi dito, nós deveríamos em nossas sessões de meditação visualizar Guru Rinpoche e seu séquito de dakas e dakinis. Deveríamos invocá-lo com concentração unifocada e repetidamente receber as bênçãos e iniciações. Deveríamos fazer disso a nossa prática principal o quanto pudermos; e no período pós-meditativo, considerando que todos os fenômenos são manifestações do Guru, deveríamos nos treinar na percepção pura, compaixão e bodicita. É afirmado mais adiante no texto previamente mencionado:

> Se meditar sobre a compaixão e a bodicita sua mente será abençoada. Se considerar o local onde vive como sendo Oddiyana sua vizinhança será abençoada, e sua casa será abençoada se você a visualizar como um palácio incomensurável. Se perceber as outras pessoas como deidades elas serão abençoadas como deidades de sabedoria. Finalmente, considerando toda a comida e bebida como amrita você as consagrará como substâncias de oferenda. Tais são os cinco aspectos das bênçãos, apesar de haver outras bênçãos inconcebíveis além dessas.

Se praticarmos conforme descrito acima atingiremos a perfeição das realizações comuns e da suprema.

UMA EXPLICAÇÃO DA PRECE DE SETE LINHAS DE ACORDO COM SEU SIGNIFICADO OCULTO

Esta parte consiste em três seções: a primeira, uma explicação de acordo com os ensinamentos do caminho da liberação; a segunda, uma explicação de acordo com o ensinamento do caminho dos meios hábeis; e a terceira, uma explicação de acordo com as instruções essenciais conclusivas relativas tanto ao caminho da liberação quanto ao caminho dos meios hábeis em conjunto.[42]

UMA EXPLICAÇÃO DA PRECE DE SETE LINHAS DE ACORDO COM OS ENSINAMENTOS DO CAMINHO DA LIBERAÇÃO

Hung, a sílaba semente da mente iluminada, simboliza o estado absoluto de samsara e nirvana: a naturalmente luminosa, auto--originada sabedoria primordial. O **país de Orgyen** é a fonte por excelência dos ensinamentos do Mantra Secreto. Do ponto de vista do significado interno, entretanto, deveríamos compreender que a natureza da nossa própria mente é a fonte do Mantra Secreto.

Na palavra em tibetano para **noroeste**, *nub byang*, o elemento nub (oeste) também transmite a ideia de afundar — na lama, por exemplo — enquanto byang (norte) também significa se desatar ou libertar-se. Portanto, "oeste" aqui significa samsara, enquanto "norte" se refere ao puro estado do nirvana. Considerem este texto do *Mahaparinirvana-sutra*:

> Os sete passos na direção oeste que o Tathagata deu ao nascer indicaram que não haveria um próximo nascimento para ele, não mais envelhecimento e morte, e que esta seria sua última encarnação [no samsara]. Os sete passos dados na direção norte indicaram que ele seria liberado do samsara.

Fronteira, ou borda, simboliza a não permanência nos extremos (tais como samsara e nirvana). Aquilo que é referido como borda ou fronteira na verdade é impossível de apontar. É como "o Caminho do Meio", um termo usado para se referir à ausência de extremos ontológicos. Esta fronteira, portanto, indica a natureza da mente, não afetada pelos defeitos do samsara ou pela excelência do nirvana, a base primordial absoluta. Esse é, em um sentido geral, o objeto da visão.

Qual a aparência da base primordial quando realizada de forma perfeita? A base, simbolizada aqui pela palavra **lótus**, é a vacuidade, a expansão absoluta da pureza primordial. Desde o princípio ela está completamente além de atribuições conceituais e é, como uma flor de lótus, livre de qualquer defeito. Além de toda localização, essa natureza absoluta é definida como um objeto da realização. O sujeito que realiza a natureza absoluta é a sabedoria lúcida naturalmente luminosa, radiante e completamente desabrochada. Essa sabedoria é o vajra da lucidez e é representada pelo **pistilo**.

Esses dois (sujeito e objeto, lótus e pistilo) não são entidades diferentes, eles são indivisíveis como um vajra. E a sabedoria da igualdade que realiza isto é indicada pelo **caule**, que sustenta a flor de lótus e seu pistilo juntos. A expansão absoluta e a sabedoria primordial estão, assim, inseparavelmente unidas. Como auxílio para nossa compreensão, entretanto, elas são provisoriamente descritas em termos de sujeito e objeto, apesar disso não significar que a lucidez realize a vacuidade como se ela fosse um objeto colocado diante dela. Pois, desde o princípio, a sabedoria primordial e a expansão absoluta são indivisíveis.

Essa é a sabedoria auto-originada do grande êxtase, também chamada de "natureza da mente", ou "mente da luminosidade não elaborada". É **sobre** essa base que todos os fenômenos do samsara e do nirvana, tanto compostos como não compostos, repousam. Essa base, que é reconhecida pela sabedoria lúcida autoconhecedora, está além de todas as posições extremas de existência, inexistência, ambas ou nenhuma. Está além de toda linguagem e concepções, de todas as formulações. Como é dito em um doha (canção de realização):

> A natureza da mente — e apenas ela — é a semente de todas as coisas;
> Dela surgem tanto samsara quanto nirvana.
> Eu venero esta mente, que como uma joia dos desejos
> Produz os frutos que desejamos.

E no *Louvor à Mãe*[43] é dito:

> Nenhum nome, nenhum pensamento, nenhuma formulação existe na Sabedoria Que Foi Além;
> Incessante e não nascida, sua natureza é como a do céu límpido;
> Objeto da sabedoria lúcida autoconhecedora:
> A ela, a mãe dos budas do passado, presente e do porvir, eu me curvo.

O tantra *Lucidez Auto-Originada*[44] diz: "Se você conhecer a sabedoria lúcida, a raiz, você também conhecerá todos os fenômenos, o caule." E:

> Sabedoria lúcida, dharmakaya, transcendendo nascimento e morte,
> É conhecida não dualmente no estado livre de pensamentos.
> Abrangendo tudo, ela é a luz ilimitada.
> Na vastidão da base universal que engloba todas as coisas,
> A sabedoria lúcida, que a permeia, manifesta-se como o jogo da sabedoria primordial.
> Essa sabedoria primordial desimpedida você possui dentro de si mesmo.

No tantra da *Grande Perfeição Revelação da Bodicita: A Realidade Perfeitamente Pura*[45] é dito:

> O estado búdico auto-originado, dotado com a essência do lótus,
> Surge como dois, porém ele não é dois. Ele é um espaço permeado com o êxtase.
> Mestre, local, assembleia, ensinamento — todos são indivisíveis.
> Através dos três tempos tudo é perfeito.
> Todas as coisas surgem, através das bênçãos conquistadas, na não dualidade;
> E todas as coisas possuem a natureza do grande êxtase.

No *Tantra da Guirlanda de Chamas*[46] é dito:

> Espaço e sabedoria primordial não são dois
> E todas as coisas possuem um único sabor,
> Repousando na natureza ilimitada da mente —
> O quarto e glorioso heruka.

O *Hevajra Tantra*[47] e outras escrituras dizem [sobre o glorioso heruka]:

> SHRI, ou glorioso, é a sabedoria primordial não dual;
> HE revela que ele é vazio de causas,
> RU que ele está além da acumulação;
> KA implica que ele não reside em lugar algum...
>
> O vajra é visto como indivisível
> E sattva é a unidade das três dimensões.
> Assim, a sabedoria que reconhece isto
> Recebe o nome de Vajrasattva.

É dito no *Glorioso e Supremo Buda Primordial*[48] e outros tantras:

> O grande herói sem princípio e sem fim
> É Vajrasattva, grande felicidade,
> Essência universal da bondade suprema.
> Vajratopa é a sua natureza.[49]

O *Hevajra Tantra* afirma:

> Ela sempre tem a natureza do grande êxtase.
> Aonde quer que vá nos três reinos
> O Buda não é encontrado fora de si mesmo;
> De fato, o Buda perfeito é a mente.

E está escrito no *Kalachakra Tantra Abreviado*[50]: "Quando a mente está purificada a própria pessoa se torna um poderoso Conquistador. Qual necessidade teremos de qualquer outro buda?" E, "Todos os seres são budas. Além deles, não há qualquer poderoso buda neste universo". O *Tantra de Chakrasamvara*[51] diz:

> Esses seres habitam por sua natureza
> Na mandala naturalmente presente.

O tantra denominado *Os Quatro Assentos*[52] diz:

> Não existente e não inexistente,
> Além de pureza e máculas,
> Transcendendo completamente a dualidade;
> Portanto, ela é chamada de natureza não dual.

No rei dos tantras, O *Inconcebível Segredo de Chakrasamvara*[53] é dito:

Permanência, aniquilação, origem e fim —
Todos esses extremos a natureza da mente transcende.
Ela é a própria lucidez, liberdade primordial dos conceitos,
É o próprio êxtase,
Completamente inconcebível. Isto é certo!

O tantra *Vajrasattva Igual ao Espaço*[54] diz:

A própria natureza da mente, um vajra auto-originado,
Não nasceu e, portanto, não morre.
Ela é pura como o espaço indiviso:
Assim é a iluminação.

O *Guhyagarbha Tantra*[55] diz:

Nem um nem muitos é esta mesma natureza.
Ela não tem centro, nem circunferência.
Mesmo os budas não a veem.
A sabedoria primordial autossurgida
Aparece, porém não se fixa em lugar algum.

O *Hevajra Tantra* diz:

A sabedoria primordial é extremamente sutil,
Como um vajra, como o coração do espaço.
Livre de todos os obscurecimentos, ela é paz.
Isto é você mesmo, seu pai também...

Nela não há origem, não há permanência, nem fim.
Não há samsara ali, não há nirvana.
Não há 'eu', não há 'outro':
Isto, de forma suprema, é o próprio grande êxtase.

E também nos tantras intitulados *O Grande Espaço de Vajrasattva*[56] e *O Rei Que Tudo Cria*[57] é dito:

> Vajrasattva é o vasto abismo do espaço,
> A bondade suprema da vasta expansão do dharmadhatu.
> Para que você possa trilhar completamente o caminho da pureza perfeita,
> Não dê origem a pensamentos, mas não os impeça: não tenha intenções de qualquer tipo.

No tantra *União com o Buda*[58] é dito:

> Além de igualdade ou desigualdade,
> A expansão absoluta do dharmadhatu é ilimitada.
> Todos os fenômenos são esse mesmo espaço —
> Espaço, o esplendor de todas as coisas.
> Isso é Vajrasattva, Tathagata.
> Cada buda está unido
> À dançarina celeste da ilusão. Isto é o êxtase supremo.

O *Heruka Gyalpo Tantra*[59] diz:

> A realização excelente é única:
> O estado búdico, consistindo do mais elevado êxtase,
> Profunda união com a natureza da própria mente, perfeição
> Dos três kayas —
> Dançarina celeste da ilusão, é o êxtase, o supremo êxtase.

É afirmado no *Kalachakra Tantra Abreviado*:

> As vogais e as consoantes, a lua com a marca da lebre e a estrela diurna, são uma única natureza indestrutível; elas não são

dois assentos. A sílaba HUNG não é transformada em formas com cores; sendo gerada pela natureza imutável, está além de toda modificação...[60]

O tantra raiz do *Kalachakra*[61] diz:

> Na vacuidade, os fenômenos
> Não são nem imputações nem coisas materiais.
> Quando são vistos, é como o instante em que a face de uma jovem donzela
> É vista em um espelho encantado.
>
> Assim, todas as coisas são iguais
> E repousam imutáveis no absoluto.
> Têm sua origem a partir da sabedoria primordial imutável.
> Não têm fim nem são permanentemente reais.
>
> Os sons que constituem um nome
> Estão todos implícitos no som 'A' e a partir dele se originam.
> Mas quando o local de grande imutabilidade é alcançado,
> Não há nomes, nem coisas dotadas de nomes.
>
> No estado não nascido
> Livre de todas as características compostas,
> Não há Buda, nem iluminação.
> Não há seres vivos e não há vida.
>
> A natureza da mente comum está completamente além.
> Ela é a sabedoria primordial, purificada das máculas,
> Expressa nas qualidades da luminosidade
> Permeada pelo dharmadhatu.

Essas cinco quadras sucessivamente denotam as cinco sabedorias (do espelho, da igualdade, que tudo percebe, que tudo realiza e a sabedoria do dharmadhatu), que correspondem aos aspectos puros dos cinco agregados.

A Recitação dos *Nomes de Manjushri*[62], que é a personificação do corpo de sabedoria de todos os budas, declara:

> A consciência é totalmente transcendente por natureza;
> Ela é a sabedoria primordial sob a forma da não dualidade.
> É livre de pensamentos, espontaneamente presente,
> Realizando todas as ações dos budas dos três tempos.
> Não há budas no início ou no fim.
> O Buda primordial não está de qualquer lado.
> A sabedoria é o único olho que é imaculado.
> Aquele que possui o corpo de sabedoria é o Tathagata.

E:

> Definitivamente livre de todos os obscurecimentos
> Ele repousa em igualdade como o próprio espaço.
> Transcendendo todas as emoções obscurecidas,
> Ele é o conhecedor da ausência de tempo dos três tempos.

Dessas e de outras formas os tantras do Vajrayana apontam a sabedoria primordial absoluta, a sabedoria coemergente da quarta iniciação. Como esta sabedoria, por transcender qualquer objeto de pensamento e palavra, é inconcebível, ela é **espantosa**. Ela é referida através de expressões como "a luminosa grande perfeição" e "[êxtase] coemergente absoluto". É aqui que reside a principal realização de todos os budas: a **suprema realização** através da qual a soberania do estado primordial e espontaneamente presente da união do grande Vajradhara é **alcançada**. Os três kayas estão na-

turalmente presentes neste estado, o qual é referido como o auto-
-originado, absoluto **lótus**.

Como é dito:

> Despertos do sono da ignorância,
> Suas mentes vastas com cada objeto de conhecimento,
> Os budas são comparados ao lótus em flor.

A sabedoria primordial auto-originada, livre de todo apego, é chamada de "buda" ou "lótus".
Todos os Tathagatas do passado e do presente e aqueles que alcançarão a iluminação no futuro são indivisíveis da realização da realidade absoluta, ou talidade. Eles não podem ser distinguidos. Como é dito no tantra *O Cuco Auspicioso da Lucidez*[63]:

> Com um único sabor no dharmakaya, iguais em seu trabalho pelos seres,
> Eles aparecem de muitas diferentes formas para aqueles a serem treinados.
> Mas como no dharmadhatu todos são um só,
> Quando um único Tathagata é realizado, assim também são todos os budas.

Consequentemente, é dito que no nível da verdade absoluta os kayas de sabedoria de todos os budas não podem ser diferenciados; eles são apenas um e o mesmo.

No nível da verdade convencional, entretanto, os budas dos três tempos praticam seus respectivos caminhos e conquistam seus frutos — eles se abrem em flores como botões de lótus. Eles são, de certa forma, **nascidos** da base fundamental da realidade absoluta, dharmata. Em outras palavras, esta realidade absoluta é **renomada** como sua "fonte". No nível do significado absoluto, portanto, isto é reconhecido como "Buda Padmasambhava[64]". De acordo com os diferentes pontos de vista expressados em vários textos, esta realidade absoluta é também conhecida pelos seguintes nomes: Samantabhadra, Buda primordial, dharmadhatu, mais elevada e perfeita pureza, bodicita absoluta, talidade, verdade absoluta, sabedoria primordial auto-originada, sugatagarbha, sabedoria primordial que permeia o samsara e o nirvana, mente não elaborada da luminosidade natural, sabedoria insuperável, grande êxtase coemergente, e heruka causal. A verdade absoluta estabelecida nas três grandes tradições Madhyamaka (o Grande Caminho do Meio), Mahamudra (o Grande Selo) e Mahasandhi (a Grande Perfeição) e a verdade absoluta indicada pelas expressões encontradas nos sutras e nos tantras, nada mais são que esta sabedoria primordial.

A partir desta sabedoria primordial são emanadas uma exibição ilusória inconcebível das cinco sabedorias e as outras qualidades da iluminação[65] (que são apenas aspectos da sabedoria primordial distinguida conceitualmente). Isto é o **círculo de muitas dakinis**, a exibição desimpedida da sabedoria lúcida, que se move e a **envolve** no espaço imaculado da expansão absoluta. Pois a sabedoria primordial única se manifesta como uma exibição inconcebível, uma tapeçaria ilusória de emanações: o Buda principal, o séquito e todo o resto.

Como é dito nos tantras:

> Dentro de uma única linhagem, há assembleias de Tathagatas,
> E em cada assembleia de cada linhagem, há muitas linhagens.
> Em uma única linhagem, há incontáveis linhagens.
> Todas surgindo da linhagem da Grande Alegria.

Apesar dessa realidade absoluta ser a natureza primordial da mente de todos os seres, ela é algo que deve ser realizado no caminho Mahayana — especificamente pelo poder do profundo amadurecimento [que ocorre através das iniciações recebidas] e graças às instruções liberadoras do Veículo Vajra do Mantra Secreto. Enquanto permanecemos em um estado comum de mente, essa natureza é como uma bela estátua escondida dentro de um lótus, e é chamada de sugatagarbha. De modo a indicar a realidade absoluta como ela realmente é, os ensinamentos do giro intermediário (ou seja, o segundo) da roda do Darma a descrevem como vacuidade, apresentada em termos das três portas da perfeita liberação.[66] Os sutras de significado absoluto pertencentes ao terceiro giro, entretanto, referem-se a esta realidade como os kayas e sabedorias primordialmente e espontaneamente presentes. Essas duas visões são complementares sem qualquer contradição e são ensinadas em textos como os tratados sobre raciocínio e os Hinos compostos pelo soberano Nagarjuna, assim como o Sublime Continuum e o Ornamento da Realização do regente Maitreya.[67] Elucidada desta forma, a natureza absoluta autêntica pode ser realizada graças às instruções essenciais do Vajrayana. Quando isto acontece, chegamos ao coração da visão de uma miríade de sutras e tantras.

É por meio do conhecimento supremo livre de dúvidas que chegamos a uma certeza irreversível sobre a realidade absoluta, a sabedoria primordial da união inseparável [de aparência e vacuidade]. É a isto que se referem as palavras **seguindo suas pegadas, praticando, nós o seguimos**. Se através da visão nós nos convencermos desta realidade absoluta—a meta suprema de todos os caminhos e sistemas filosóficos—e se, através da meditação, conquistarmos a habilidade [de reconhecê-la], acabaremos realizando-a. A sabedoria primordial naturalmente luminosa se manifestará. Todas as percepções impuras, comuns, serão transmutadas em sabedoria pura e, assim, serão abençoadas.

Se isso, entretanto, não aconteceu, e se as experiências semelhantes a um sonho do sofrimento samsárico continuam sem interrupção, [nós invocamos o Guru com as palavras] **para que conceda**

suas bênçãos. E com isso queremos dizer que, para que nosso fluxo mental seja abençoado por este caminho, nós rezamos para que através dos ensinamentos que recebemos e sobre os quais refletimos, e através das instruções essenciais do professor, a realização da realidade absoluta possa **se aproximar** de nós. Pois, como é dito no Pramanavarttika[68], "aproximar-se" significa "realizar". Neste estado da natureza absoluta, sujeito e objeto, como o oceano e suas ondas, não são separados. Para que possamos chegar a esse estado e alcançar sua realização, **nós oramos**, expressando assim nossa aspiração.

Os vários estágios do caminho, começando com as visões dos Vaibhashikas e Sautrantikas e seguindo até a visão da essência vajra luminosa, são progressivamente mais efetivos para a realização da realidade absoluta, até que finalmente a sabedoria primordial que transcende a mente comum é alcançada. A natureza vazia desta sabedoria primordial, o dharmakaya além de qualquer descrição conceitual, é o **Guru**. Sua expressão é a luminosidade, a manifestação desobstruída. Ela é o espontaneamente presente sambhogakaya — o qual, entretanto, não é diferente da própria expansão absoluta e é, assim, imaculado pelos atributos convencionais. Isto é **Padma**. A indivisibilidade das duas é a "compaixão" que tudo permeia, surgindo como a manifestação de samsara e nirvana. Como uma joia dos desejos, ela satisfaz as esperanças e desejos de uma infinitude de seres. Isso é **Siddhi**. A sílaba **Hung**, dotada com as cinco sabedorias, é a sílaba semente da mente iluminada e simboliza a sabedoria primordial auto-originada.

UMA EXPLICAÇÃO DA PRECE DE SETE LINHAS DE ACORDO COM O CAMINHO DOS MEIOS HÁBEIS

Esta parte consiste em duas seções: uma explicação da Prece de Sete Linhas de acordo com o estágio geral da perfeição do insuperável Mantra Secreto[69] e uma explicação de acordo com a extraordinária e secretíssima visão da Grande Perfeição, a visão da Essência do Coração da Luminosidade.

Uma explicação da Prece de Sete Linhas de acordo com o estágio geral da perfeição do insuperável Mantra Secreto

Aqueles que são incapazes de realizar a sabedoria primordial absoluta conforme estabelecida através do conhecimento supremo do caminho da liberação podem alcançá-la pelo caminho extraordinário dos meios hábeis.

Hung indica a sabedoria primordial absoluta, coemergente, auto-originada. De acordo com o significado interno, **o país de Orgyen** representa a base ou suporte por excelência do Mantra Secreto. Este é o agregado do corpo vajra como um todo[70], ou ainda chitta, seu coração essencial.

A partícula genitiva tibetana gyi [traduzida para o inglês pela preposição locativa **upon** — **em** em português] indica o elo entre este mesmo suporte e os canais roma e kyangma simbolicamente referidos como **oeste** e **norte** (nub e byang respectivamente).[71] Roma, o canal vermelho, está no lado direito do corpo. É por ele que a energia solar flui, causando uma diminuição — o poente ou ocaso (nub) — dos constituintes essenciais.[72] Kyangma, o canal branco, está no lado esquerdo do corpo. Por ele flui a energia lunar. Ela faz com que os constituintes essenciais aumentem, ou melhor, ela amortece (ou resfria) seus aspectos grosseiros. Em outras palavras, ela purifica ou purga (byang) as impurezas dos constituintes essenciais. Finalmente, a **fronteira**, ou borda, é o que se encontra no centro, entre esses dois.

O **lótus** indica o dharmachakra, a "roda-canal da realidade", o qual se localiza na altura do coração e é composto por oito canais semelhantes a pétalas. O **pistilo** se refere à gota essencial composta da quintessência dos cinco elementos. O **caule** simboliza Rahu, o qual se refere ao "espaço", em outras palavras, o canal central, ou 'uma', no qual a energia da sabedoria se move. A preposição **sobre** indica que a sabedoria coemergente e auto-originada repousa sobre esse mesmo canal quintessencial extraordinário e sobre a sua energia e gota essencial[73] — dentro do agregado do corpo vajra — como a fragrância que envolve um pedaço de cânfora.

Essa sabedoria primordial auto-originada — grande êxtase livre de obscurecimentos, ou bodicita — é a gota essencial naturalmente luminosa, sem máculas e imutável. Esta gota essencial é extremamente **espantosa**, pois ela é a união indivisível do grande êxtase imutável e da grande vacuidade dotados com todos os aspectos supremos. É a natureza absoluta, inconcebível e inefável, maravilhosa e ilimitada. Este é definitivamente o corpo de sabedoria da união [de êxtase e vacuidade], a própria realização de todos os budas. Isso é referido como **suprema realização**, o estado do grande Vajradhara, que está espontaneamente presente ou é **alcançado** e dotado com as qualidades oceânicas da iluminação. É isto que é **renomado** como o auto-originado, absoluto, **Nascido do Lótus**. Como é dito no *Hevajra Tantra*:

> A grande sabedoria primordial se encontra dentro do corpo,
> Pura e livre de qualquer pensamento.
> Cada entidade é por ela permeada:
> Ela se encontra dentro do corpo, mas não nasce do corpo.

Da mesma forma, nos tantras *Samata*, *Chakrasamvara*, *União com o Buda* e *Oceano de Dakinis*[74] é dito:

> A natureza de todas as coisas se encontra constantemente
> Na secreta e suprema alegria:
> Corporificação de todos os budas, herói destemido,
> Vajrasattva, êxtase supremo.

Ele, o auto-originado Bhagavan[75],
A grandiosa e única deidade
Em união com todos os budas,
É a maior de todas as deidades.

O *Hevajra Tantra* diz:

> A forma perfeita de E é adornada
> Com VAM residindo no seu centro.
> É o local de todo êxtase,
> O precioso porta-joias dos budas.

O tantra *O Espelho de Ilusões*[76] diz:

> A gota essencial não perecível é o êxtase supremo,
> A quintessência que, dotada com as cinco sabedorias,
> É autossurgida, e em todos os seres corporificados habita.
> Este é o professor que apresenta todo o conhecimento,
> O dharmachakra, o local onde reside dharmata.

E:

> O momento em que a gota essencial imaculada
> Dos meios e sabedoria inseparáveis nasce —
> Quando, inconcebível, acontece seu nascimento coemergente —
> É conhecido como o momento do grande êxtase.

E:

> O próprio ser e o outro — todas as coisas, sem deixar nada de lado —
> São a sabedoria primordial coemergente.
> Elas não são existentes, tampouco são inexistentes;

Elas não são ambos, tampouco são nenhum.
Ilusória, a grande felicidade autossurgida
(Um vajra, firme e automanifesto,
A ilusão da sabedoria primordial) está espontaneamente presente.

O tantra *A Tenda Vajra das Dakinis*[77] diz:

Sejam quantos forem os reinos espaciais,
Nos milhares de universos,
Os budas ali habitam como o próprio espaço,
Em Mahamudra, grande e excelente êxtase.

De acordo com o *Kalachakra Tantra*: "Alguém pode tentar retirar água do centro do vaso do espaço, mas a água não virá. O mesmo é verdade [quando alguém tenta retirar] a lucidez indestrutível que permeia o espaço, livre de objeto e sujeito, do centro do corpo." E: "Vacuidade em conjunto com sabedoria primordial — tal sabor único imutável sempre mudará. Com base nisso, três tipos de paz residem na existência fenomênica. E em seu corpo você saberá disso."[78] Essas citações indicam um profundo ponto chave do caminho Vajrayana, conforme exposto nos tantras do Grande Segredo.

A gota essencial da sabedoria primordial autossurgida, em outras palavras, o Nascido do Lótus, está **envolvida** por sua própria exibição, **um círculo de muitas** energias e gotas essenciais que fluem pelo espaço vazio do canal central e dos outros canais que irradiam dele.[79] As energias e gotas essenciais que se encontram nesses canais e nos quatro chakras são de quatro tipos: extremamente puras, sutis, grosseiras e residuais. Se elas forem habilmente controladas, contribuirão para que a sabedoria do grande êxtase se manifeste. As energias e gotas essenciais são a hoste de **dakinis** internas.

Uma vez que a estrutura do agregado do corpo vajra tenha sido compreendida, as instruções habilidosas essenciais podem ser implementadas, e através delas pode-se ir direto aos seus pontos vitais. Isto se refere à prática de yoga física[80], ao controle da energia e à concentração sobre a gota essencial sutil. Com esses métodos, é possível o treinamento em tummo (a prática do calor interno), através do qual as energias cármicas são dissolvidas no canal central e a gota essencial derrete e gera a sensação de êxtase. Também é possível treinar a yoga que utiliza o corpo de um parceiro como suporte. Da mesma forma é possível treinar nos métodos que fazem com que a mente que cavalga as energias[81] entre no canal central; pode-se treinar na prática do corpo ilusório e da luminosidade induzidos por esses métodos; e também é possível treinar a yoga dos sonhos, ela mesma um aspecto do caminho. Pelo poder destas e de outras práticas do Mantrayana do profundo estágio da perfeição dotado com características, será alcançada a sabedoria primordial. Portanto, a prece diz: **seguindo suas pegadas, praticando, nós o seguimos**.

Treinando dessa forma, implementando os meios hábeis do agregado do corpo vajra, a gota essencial quintessencial da sabedoria primordial será fortalecida. Todos os constituintes essenciais impuros, residuais, serão purificados na expansão do grande êxtase, e a totalidade da existência fenomênica (o universo e os seres que ele contém) será transformada em grande êxtase, puro e imaculado. A prece diz, **conceda suas bênçãos** para que toda a existência seja purificada na mandala do corpo, fala e mente iluminados.

Considerada do ponto de vista da sabedoria primordial, a existência fenomênica é desde o princípio perfeitamente pura. Mas essa verdade é obscurecida pelos pensamentos dualistas da mente comum, e como resultado, a natureza da realidade não está mais manifesta. As percepções impuras do samsara (incluídas na verdade do sofrimento e na verdade da origem) surgem sem parar. A causa de todas essas percepções é a energia cármica ou, em outras palavras, toda a propensão para o movimento[82]. Quando isto é revertido e reconduzido para o canal central, onde a sabedoria primordial se encontra imóvel, e quando ela é estabilizada na expansão da base da talidade — a gota essencial imutável — a iluminação perfeita é atingida. E enquanto durar o espaço não haverá retorno para o samsara, pois o corpo vajra do grande êxtase foi conquistado. Portanto, com as palavras **aproxime-se, nós oramos**, a prece invoca o grande dharmakaya da expansão da base, o espaço de sabedoria de todos os budas.

Tendo alcançado convicção sobre essa visão, o mantra é pronunciado. A sabedoria primordial, conquistada através deste caminho extraordinário, é o **Guru**, insuperável. Por meio dos pontos profundos e cruciais desse mesmo caminho, todos os obscurecimentos dos cinco venenos e assim por diante surgem como os auxiliares do grande êxtase imaculado e, então, dissolvem-se por si mesmos. Isto é **Padma**. Finalmente, a sabedoria primordial absoluta, a verdade mais elevada, é rapidamente realizada, e isto é **Siddhi**. Em resumo, a sabedoria primordial, manifestando-se através dos métodos hábeis do Mantra Secreto que protegem a própria mente velozmente e com facilidade, é maravilhosa e suprema. Isso é **Hung**, a sílaba semente da mente de todos os budas.

Quando essa sabedoria coemergente do grande êxtase é realizada, toda a existência fenomênica surge como sua expressão. Como disse Saraha:

> Em frente, atrás, em todas as direções,
> Para onde quer que eu olhe, ali, ali está...
>
> Quando isto é realizado, tudo é assim.
> Não há outra coisa que alguém possa descobrir...
>
> Ao experimentar isso,
> O céu, pequeno demais, é incapaz de conter

O grande e supremo êxtase.

Além do mais, o tantra *Lucidez Auto-Originada* diz:

Profunda imensidão: este é o próprio nome de Manjushri!
Difícil sondar sua profundidade, Manjushri é supremo
Sobre todas as coisas.
No estado de Manjushri nasce o êxtase puro e perfeito.
Assim, Manjushri não é uma ausência, ele não é "vazio".

Da mesma forma, o *Tantra da Atividade Completa das Ioguines*[83] diz:

Esses migrantes possuem a natureza de cinco budas.
Eles são como dançarinos, ou como graciosas imagens.
Todos possuem a natureza única do grande êxtase,
Uma natureza que manifesta a dança da expressão múltipla.

É assim que, de acordo com essa e outras citações, a Prece de Sete Linhas deve ser compreendida.

Uma explicação da Prece de Sete Linhas de acordo com a secreta e mais profunda Grande Perfeição, a Essência do Coração da Luminosidade

Assim como uma semente de gergelim está preenchida por óleo, também a natureza da mente está permeada pela sabedoria primordial, absoluta e auto-originada, que se encontra em seu interior como o corpo-vaso jovem. Entretanto, ele é constringido e obstruído pelos agregados comuns, os elementos e os campos sensoriais, pelo carma e pelas emoções negativas. O corpo de sabedoria natural e luminoso, as luzes multicoloridas, a sabedoria primordial e a realidade absoluta são consequentemente obscurecidos, e como resultado os seres falham em visualizar o que de fato é a sua verdadeira natureza. Apesar disso, graças às instruções essenciais da [mais elevada atiyoga], o veículo soberano, mesmo pessoas comuns podem vislumbrar sua natureza — sua própria sabedoria primordial auto-originada — na luminosidade que está espontaneamente presente. Assim, o ponto crucial do thögal, o caminho da "presença espontânea", é a sabedoria primordial auto-originada, aqui simbolizada pela sílaba **Hung**.

As palavras **no país de Orgyen** se referem à "lâmpada do coração de carne"[84]. A partícula genitiva tibetana gyi [traduzida em inglês como 'upon', em português como 'em'] indica a conexão entre a "lâmpada do coração de carne" com o corpo-vaso jovem, em outras palavras, a gota essencial luminosa da sabedoria primordial no centro do coração. **Oeste** indica que esta última está afundada (nub) no agregado do corpo vajra — significando que ela se encontra nele. Esta gota essencial luminosa de sabedoria primordial é a expansão interior. **Norte**, compreendido aqui no sentido de pureza (byang), se refere à expansão externa, ou seja, o céu límpido. A **fronteira**, ou borda, é o local de encontro dessas duas expansões. Ela é a "lâmpada do laço de água de longo alcance"[85], o caminho do poder do sentido visual interno, graças ao qual, no puro céu da expansão externa, surge a "lâmpada da expansão completamente pura"[86], azul e límpida, repleta de redes de arco-íris e adornada com discos de luz brilhantes que são como espelhos. Ao se familiarizar com isso, a "lâmpada do disco de luz vazio"[87] se manifestará, de cor vermelho brilhante, redonda e límpida, exibindo o tipo de configuração que é vista na superfície de um lago quando se joga uma pedra nele. Essas duas últimas lâmpadas são indicadas pela palavra **lótus**. A flor de lótus, sendo imaculada, simboliza o impecável dharmadhatu, a expansão perfeitamente pura da mãe, que é como um palácio incomensurável.

O **pistilo** representa a radiância da mente lúcida, os canais vajra interconectados e curvos — como correntes de ouro ou colares de pérolas, ou ainda como as tranças da crina de um cavalo. Essas configurações móveis e discos de luz são a radiância da "lâmpada do conhecimento autossurgido"[88], a luz natural da sabedoria lúcida. A palavra **caule** indica que quando, de acordo com as instruções essenciais do caminho do thögal, as três portas são deixadas em seus estados naturais e o praticante se concentra fortemente nos três pontos chave desta prática[89], a própria lucidez estará em seu estado natural, não elaborado, livre de pensamentos, e sua radiância será "aprisionada" nos limites do espaço. Em outras palavras, através da concentração nesses pontos chave, a lucidez do espaço se tornará perfeitamente firme. A fundação para a extrema estabilidade da lucidez do espaço será estabelecida através dos três tipos de ausência de movimento[90]; ela será avaliada com os três tipos de repouso[91]; e ela será consolidada através das três realizações[92]. Dessa forma haverá uma experiência direta, não intermediada [da lucidez do espaço], sem depender da mente conceitual. E com base **nesses** métodos, os quatro tipos de certeza confiante crescerão internamente de forma gradual.[93]

Para começar, serão aperfeiçoadas as experiências **espantosas** das três visões: a "percepção direta da realidade absoluta", a "intensificação da experiência" e o "clímax da lucidez". Então se seguirá a quarta visão, a "exaustão [dos fenômenos] na realidade absoluta"[94]. Esta é a **suprema realização**, o nível do grande Vajradhara, **alcançado** sem dificuldades nesta mesma vida. Nesse momento, a própria mente é indistinguível do protetor primordial, o Buda Samantabhadra — indistinguível do autossurgido Pema Thödrengtsel, "o Poderoso Lótus com uma Guirlanda de Crânios". E por isso a prece declara **e como o Nascido do Lótus você é renomado**.

Quando a radiância da lucidez do espaço é fixada dessa forma, a sabedoria primordial auto-originada repousa em um estado de equanimidade dentro da luminosidade natural da "lâmpada do conhecimento autossurgido". Apesar de não se mover desse estado, seu poder criativo, exibido como raios de arco-íris, discos maiores e menores de luz, e assim por diante (em outras palavras, **um círculo de muitas dakinis**), se move através do espaço e **envolve** a sabedoria primordial. Essas aparências são muito claras e móveis, e a experiência delas naturalmente se intensifica. Todas essas aparências luminosas nada mais são que a radiância da lucidez auto-originada. Repousando na visão da pureza primordial — o fluxo espontâneo que é fresco, confortável e naturalmente livre — sem nunca se afastar dos quatro métodos de "deixar as coisas como elas são"[95], chegamos ao próprio coração das aparências da luminosidade. E isto é referido através das palavras **seguindo suas pegadas, praticando, nós o seguimos**.

Por meio de tal prática todas as aparências fenomênicas geradas pela energia cármica impura serão purificadas na expansão da sabedoria primordial indestrutível. O corpo vajra, o corpo de arco-íris além de toda transferência, será assim atingido. Esse é o significado das palavras **para que conceda suas bênçãos, aproxime-se, nós oramos**.

Esse caminho é desconhecido até mesmo nos mais secretos tantras mãe e outras escrituras annutara. Ele é extremamente oculto. Na verdade esse caminho não é nomeado nem mesmo nos textos pertencentes aos ciclos externos e internos da Grande Perfeição. É o caminho quintessencial da essência do coração da luminosidade, cuja característica específica é a utilização direta, como caminho, do próprio estado búdico. Esse caminho é completamente insuperável. É completamente livre de máculas[96] e traz nesta mesma vida a realização suprema de forma extremamente veloz e fácil. Este é o sentido do mantra **Guru Padma Siddhi**. E **Hung**, a sílaba semente espontaneamente manifesta da mente iluminada, é uma expressão de espanto e assombro.

O tantra da Grande Perfeição *A Visão: A Perfeita Profundidade da Sabedoria Primordial*[97] diz:

> Esta essência auto-originada desde o princípio se encontra no interior;
> Surgindo não de causas, não foi a partir de condições gerada
> Além de todo esforço, ela é a sabedoria primordial auto-originada como o dharmakaya.
> Estejam certos disso!

E o tantra Lucidez Auto-Originada diz:

> Lucidez, vazia de pensamentos, é o dharmakaya;
> Lucidez, claridade desimpedida, é o sambhogakaya;
> Lucidez, surgindo sob qualquer forma, é o nirmanakaya.

E:

> Qual delusão pode haver na imutável bodicita?
> A bodicita não deludida está completamente presente
> Em todos os migrantes.
> A essência da iluminação é igual a todos os budas.
> A lâmpada da própria lucidez, que se revela
> Na radiância automanifesta,
> Encontra-se em todos os seres, porém está impedida, autossecreta,
> Para aqueles que não possuem os meios.
> Ela é a mente sublime de todos os budas do passado, presente e futuro —
> Encontrando-se em cada buda, imóvel e equânime...
> A mente do Buda perfeito
> Encontra-se nas mentes dos seres vivos

Sob a forma de kayas e sabedorias.
No próprio centro do coração,
Não maior que um grão de gergelim ou mostarda,
Ela repousa não nascida e perfeita...

A semente de todos os budas é declarada
Como sendo lucidez livre de pensamentos.
Os olhos perfeitos de todos os budas
São renomados como as quatro lâmpadas.

E:

Ver a mente de sabedoria autossurgida do estado búdico
É simplesmente contemplar a lucidez
Com olhos imóveis, não distraídos,
E sem envolvimento com os pensamentos aprisionantes.
É assim que a própria lucidez será vista...

Manjushri, Glória Gentil, forma perfeita plena de êxtase,
É a sabedoria primordial perfeita dotada com as cinco luzes.
Dharmakaya sem cores, ele é gentil;
Não separado da mandala, ele é glorioso —
Gentil, pois as aparências são sua própria autorradiância,
Glorioso na purificação de toda a ignorância.
Gentil, ele está permeado pela luz das quatro lâmpadas,
Glorioso com uma luminosidade atemporal.

E:

Manjushri, conhecimento supremo,
Sabedoria primordial, vasta radiância,
Do qual surge uma luz através da qual todas as coisas são

Verdadeiramente conhecidas:
Tudo isso é conhecido como a poderosa mandala de Manjushri.

Manjushri, emanação da sabedoria primordial —
Seja como for visto, assim também ele aparece!
Manjushri na verdade transcende todas as coisas,
O perfeito Manjushri é a sabedoria primordial.
Esta sabedoria é seu único olho, livre de defeitos,
Dotado com o corpo de sabedoria, ele é o Tathagata.

É dito na *Recitação dos Nomes de Manjushri*[98]:

Não forma é a melhor e suprema forma;
Pois tudo que possui uma forma é criado pela mente.
As formas são a glória da percepção —
Manjushri é o detentor de todo e qualquer reflexo...

Surgido do espaço, ele é autossurgido,
O fogo flamejante do conhecimento perfeito e da sabedoria primordial.
Em sua luz aparecem todas as coisas.
A luz da sabedoria é um brilho intenso,
A lâmpada da sabedoria, a luz dos migrantes,
É uma claridade brilhante de majestade sublime:
O mantra supremo, detentor do mantra e rei da lucidez,
O rei do mantra secreto, gerando grande benefício.

O tantra *A Preciosa Lâmpada Flamejante: A Bela Flor Dourada*[99] diz:

Em cada região do mundo,
A lucidez está desimpedida, surgindo por si mesma,
Porém ninguém a percebe...

A lâmpada do laço de água de longo alcance
Ganha forma na talidade.
A lâmpada do conhecimento autossurgido elimina
Qualquer dúvida sobre os veículos.
A lâmpada do disco vazio de luz
Funde e une samsara e nirvana.
A lâmpada da completamente pura expansão
Fará com que a experiência dos iogues progrida...

Dentro da grande pureza primordial, como sua expressão,
Está a luminosidade espontânea
Não elaborada por ninguém.
Esta é sua natureza desde o princípio.

No espaço vazio,
As aparências são incessantes.
Elas se encontram dentro da grande e autossurgida gota essencial.

O tantra *A Perfeita Proeza do Leão*[100] diz:

Ema!
No centro de seu coração
Habita a lucidez,
Permanecendo sob a forma tanto de meios quanto de sabedoria,
Surgindo sob a forma de deidades pai-mãe.

E:

Emaho! Se você não conhece o corpo que transcende os fenômenos, observe o corpo das correntes vajra de lucidez. Se você deseja reconhecer a natureza de sabedoria dos fenômenos, familiarize-se com a sabedoria autossurgida da lucidez... Se você deseja conquistar os cinco olhos da lucidez perfeita[101], observe o corpo das correntes vajra de lucidez.

De igual modo, se você deseja assimilar a sabedoria dos budas, se você deseja compreender todos os fenômenos em sua essência e em detalhes, diz-se que você deveria observar o corpo das correntes vajra:

> O palácio de uma joia de oito faces,
> O palácio dos canais que contêm o movimento,
> O palácio do crânio, a cavidade do nariz,
> O palácio dos olhos penetrantes:
> Dentro desses quatro grandiosos palácios
> Habita o poderoso segredo do Mantra Secreto,
> O kaya imóvel da própria lucidez.
> De suas portas, ele fortemente se lança
> Ao caminho, dissolvendo-se no espaço vazio.
> Esta sabedoria primordial absoluta pode aparecer sob quaisquer formas,
> Sendo elas perfeitas no estado a partir do qual se manifestam.
> Na grandiosa e absoluta realidade
> Você observa as correntes vajra.
> Aparências inumeráveis podem existir,
> Porém elas são apenas "um" na realidade absoluta...
>
> As correntes vajra são livres de erro;
> Os erros surgem para as mentes ao longo do caminho...
>
> A natureza essencial é a própria lucidez;
> Os kayas que aparecem são sinais dela.
> A essência é a imutável e completa verdade,

Brilhante, esplêndida, luminosa.
No grande êxtase, a semente vajra
Está livre de causas e condições.
Isto nada mais é que a perfeita realidade absoluta
Que habita na vacuidade dotada de meios hábeis.

Além disso, ao se referir ao uso das aparências da luminosidade natural como caminho, o *Kalachakra Tantra Abreviado* diz:

> Com relação ao conhecimento supremo, sabedoria primordial, e a mente e sua manifestação, há dez aspectos. A iniciação que penetra esta natureza imaculada similar à lua, que é como um reflexo em um espelho — a partir da qual o êxtase imutável do nirvana, coemergente e imutável, tem seu nascimento — constitui a quarta iniciação. Aquele que possui a face do estado búdico em seu coração ou boca é o glorioso professor.[102]

E:

> Em seu centro estão as formas do Buda, que não possuem o caráter de objetos [de conhecimento]. Eles são muitos, e isto é o sambhogakaya. O iogue deveria observar um céu límpido com o olhar fixo e estável.

Assim foi dito. Samaya! Eu rezo para que, em sua bondade, as dakinis da expansão absoluta revelem o ensinamento e concedam a realização.

Alala-ho mahasiddhi hung

Uma explicação da Prece de Sete Linhas de acordo com as instruções essenciais conclusivas relativas à realização da prática dos caminhos da liberação e dos meios hábeis anteriormente explicados

Por meio da prática que foi explicada, ou seja, a prática dos caminhos da liberação e dos meios hábeis, a realização ocorrerá. **Hung** representa a suprema sabedoria primordial. **Orgyen** é o **país** onde o Mantra Secreto surgiu pela primeira vez. A palavra "Orgyen" é uma variante tibetana do nome original "Oddiyana", que significa "voar e progredir". Essa é uma referência à natureza de nossa própria mente, a raiz tanto do samsara quanto do nirvana, e indica que — como se estivéssemos despertando de um sonho deludido — nossa capacidade para o Mantrayana foi despertada. Assim, nós voaremos para longe do lodo do samsara com suas aparências dualistas e faremos progresso no caminho. De todos os caminhos que trazem liberação do samsara, o Mantra Secreto é o mais fácil. Ele também é o mais veloz no oferecimento de proteção — de tal forma que, para aqueles que o praticam, é como se estivessem voando.

Escravidão e liberdade são dependentes da mente. O elo entre a mente e os métodos hábeis do Mantra Secreto seguidos por ela é indicado pela partícula possessiva tibetana gyi [traduzida para o inglês como 'upon', em português como 'em']. Anteriormente a mente havia se posto ou afundado (nub em tibetano, que também significa **oeste**) no lodo dos padrões habituais do samsara. Agora, estando liberada, ela está livre deles ou purificada (byang em tibetano, que também significa **norte**). Também se pode dizer que quando as delusões são superadas elas afundam (nub) na expansão pura e absoluta, com o resultado de que todos os defeitos são purificados (byang). E a **fronteira** ou borda é a prática que separa samsara de nirvana.

Graças a essa prática todos os sons, assim como a faculdade da audição, são purificados na mandala da fala iluminada. Todos os pensamentos são aperfeiçoados na mandala da mente iluminada. Todas as coisas, seja sob qual forma apareçam, são conduzidas à maturidade na mandala do corpo iluminado, sua rede de emanações ilusórias. Esses três aspectos são sucessivamente indicados pelas palavras **lótus, pistilo** e **caule**. Na comunicação e compreensão dos ensinamentos, as faculdades da fala e da audição estão unidas. É graças a isto que é possível penetrar o significado do Mantra Secreto. Primeiro, portanto, a fala iluminada é simbolizada por um lótus imaculado pelo apego [ao lodo sobre o qual ele cresce]. Depois, através das instruções essenciais do caminho do Mantra Secreto, há a introdução à sabedoria da lucidez, indicada pelo pistilo (pois ele é o próprio coração da flor de lótus e é extremamente brilhante e bonito). Finalmente, o caule simboliza o corpo iluminado. Quando alguém alcançou a glória para si mesmo, isto é, a própria realização, é possível, devido à compaixão, enviar uma rede ilusória de emanações que são uma glória para o benefício dos outros. E como uma árvore que realiza desejos, pode-se oferecer [aos seres] a sombra refrescante dos reinos superiores e o fruto maduro do bem definitivo ou iluminação. As marcas maiores e menores [do corpo iluminado] são flores adoráveis que emitem uma fragrância encantadora de benefícios e felicidade. Por este corpo ser a base para todas as glórias e perfeições, ele é indicado aqui pela palavra "caule".

A citação de passagens escriturais para cada um desses símbolos do Mantra Secreto tornaria o texto muito longo, mas para descrever o tema de forma breve por seus pontos essenciais podemos citar *A Chave Mágica para o Depósito de Tesouros*[103]:

> Todos os pensamentos dualistas e discursivos
> Afundam e se põem na sabedoria primordial não dual;
> Portanto, a mente iluminada se encontra no oeste.
> E por si mesma, a mente iluminada
> É pura de qualquer mácula das aflições;

Portanto, a mente iluminada se encontra no norte.

O tantra da Grande Perfeição *O Nível Unificado da Existência Fenomênica*[104] diz:

> Todos os pensamentos discursivos, dualistas,
> Afundam no espaço não nascido, livre de pensamentos.
> Portanto, a mente iluminada se encontra no oeste.
> Aflições, sujeito, objeto, afirmação e negação
> São purificados.
> Portanto, a mente iluminada se encontra no norte.

O tantra da Grande Perfeição *Igual ao Céu*[105] diz:

> Assim como o lótus não é maculado pelo lodo,
> A natureza da mente iluminada, a base,
> Por sujeito e objeto não é maculada.

E, "Apesar de surgir de formas variadas, ela é imaculada e livre de falhas como uma flor de lótus." Com base nessas e em outras escrituras, fica claro que é assim que as palavras "lótus", "pistilo" e "caule" devem ser interpretadas.

A totalidade da existência fenomênica aparece como a mandala dos três segredos. As aparências não se inclinam para nenhum lado [existência ou inexistência]. Conceitos dualistas não se aplicam a elas, as aparências nada mais são que a exibição da única sabedoria auto-originada. Os fenômenos não são nada mais do que isto, eles repousam na natureza vajra da sabedoria da igualdade. E isto é **espantoso**. Portanto, o *Kalachakra Tantra Abreviado* diz:

> O corpo vajra dos Vitoriosos não é acessível no estado da dualidade sujeito–objeto. Sua fala vajra pode levar os seres a

compreenderem o Darma em todas as suas respectivas línguas. Sua mente vajra reside como uma gema imaculada (que realiza desejos) na natureza da mente de cada ser. Ela é a lucidez-vajra que contém todas as coisas.

É ao receber os ensinamentos baseados na fala iluminada que ingressamos pela primeira vez na grandiosa, natural, espontaneamente presente mandala. Refletindo sobre esses ensinamentos alcançamos a convicção sobre sua verdade; e, então, ao meditarmos sobre eles, a mente os absorverá. Finalmente, o fruto da realização será conquistado. Esses quatro estágios são sucessivamente indicados pelas palavras "lótus", "pistilo", "caule" e "espantoso". O lótus e o pistilo indicam o conhecimento da visão através do recebimento e da reflexão sobre os ensinamentos. O caule denota a integração desse conhecimento com a mente, e a palavra "espantoso" se refere ao fruto da realização. Essas quatro palavras, portanto, indicam diretamente as diferentes etapas da prática, ou seja, as quatro fases de aproximação, aproximação íntima, realização e grande realização[106], através das quais os quatro maras, ou demônios, são superados[107]. De qualquer forma, todos os pontos cruciais do caminho do Mantra Secreto são reunidos e estão inclusos no amadurecimento da sabedoria dos quatro vajras no próprio fluxo mental.

A sabedoria primordial é indicada por muitos nomes. Como está livre de emoções negativas, ela é chamada de "liberdade primordial". Não restringida pelo carma e transcendendo todas as causas e condições, ela é "sabedoria primordial auto-originada". Como está livre da dor, ela é conhecida como "bodicita do grande êxtase." Livre de todas as referências e além de qualquer afirmação, é um estado livre de fixações conceituais e é, portanto, denominada "sabedoria que não se encontra em qualquer posição extrema". Como ela é o selo de todas as coisas (em outras palavras, nada está separado dela e nada pode prevalecer contra ela), ela é a "indestrutível sabedoria primordial (semelhante a um vajra)". Nada em todo o samsara e nirvana vai além desta natureza de sabedoria. Ela permanece equânime e imutável por todos os três tempos. Essa sabedoria é como um selo sobre um decreto real tornando-o incontestável, e como resultado ela é chamada de "sabedoria que ninguém pode ultrapassar". Ela também é mencionada como "a única gota essencial"[108], o "dharmakaya da lucidez", a "inseparabilidade das duas verdades superiores", a "mandala da bodicita filha do grande êxtase", "base absoluta", o "continuum causal da base universal", a "mandala natural espontaneamente presente", a "indivisibilidade das duas verdades", a "mandala dos três vajras", a "mandala da natureza absoluta, sua expressão e compaixão (ou poder criativo)", a "expansão indivisível de samsara e nirvana", a "mandala do estado búdico primordial", a "mandala da pureza primordial e da presença espontânea", e assim por diante.

A sabedoria primordial possui muitos nomes, mas na verdade ela se refere simplesmente à inseparabilidade da base e do fruto, a única gota essencial do dharmakaya. Se avaliada do ponto de vista de sua natureza completamente pura, ela é o verdadeiro dharmakaya, o estado búdico primordial. Pois, de sua própria perspectiva, ela está livre de qualquer obscurecimento. Devemos compreender que somos o Buda desde o princípio. Sem esta compreensão falharemos em reconhecer a mandala espontaneamente presente da base, e seremos obrigados a afirmar, de acordo com o veículo das paramitas, que o estado búdico tem uma causa. Falharemos em reconhecer a visão autêntica do Mantra Secreto. O *Heruka Galpo Tantra* diz:

> No veículo expositivo causal
> Os seres vivos são vistos como causas para os budas[109].
> No veículo vajra do resultado
> Medita-se sobre o estado búdico da própria mente.

Em contraste, do ponto de vista da forma como a mente surge, podemos dizer que a natureza da mente, apesar de primordialmente pura, está maculada por obscurecimentos adventícios que surgem nas mentes dos seres. Portanto, do ponto de vista dos seres comuns devemos dizer que o estado búdico, dotado com a dupla pureza, ainda não foi alcançado, e apenas quando os obscurecimentos são purificados o estado búdico é atingido.

Deve-se compreender que essas duas formas de explicação estão em harmonia, primeiramente, com o modo de ser absoluto da mente e, em segundo lugar, com seu modo de surgimento — eles não estão em contradição. É por essa razão que no *Mahaparinirvanasutra* é dito que como o sugatagarbha consiste nas qualidades da iluminação, que estão espontaneamente presentes desde o princípio, todos os diversos caminhos que podem ser implementados servem apenas para tornar essas qualidades manifestas. Da mesma forma, no tantra *Compêndio da Sabedoria Primordial Indestrutível*[110] e em outros textos, é dito que os caminhos simplesmente tornam a luminosidade primordial do dharmakaya manifesta. Eles não a criam. É importante compreender que este é um ponto especialmente crucial e é extremamente profundo. Uma vez compreendido, a visão do Mantra Secreto foi corretamente assimilada.

Quando a mandala da base primordial — a natureza autêntica do estado búdico primordial — é realizada, a mente se torna inseparável da sabedoria de todos os budas dos três tempos. A base da realização irreversível (da qual não há retorno) é, desta forma, alcançada. Nesse mesmo instante a **realização suprema é alcançada** — na qual a base e o fruto estão inseparavelmente unidos. Essa é a realização do nível do grande Vajradhara e podemos ficar absolutamente certos quanto a isso. A existência fenomênica é totalmente pura — a sabedoria do dharmakaya. Perfeitamente convencidos disso, deveríamos assumir nossa posição em relação ao "Buda" primordial da existência fenomênica, e estar absolutamente convictos quanto a isto.

Essa [sabedoria do dharmakaya] é o absoluto e espontaneamente surgido **Nascido do Lótus**, e é **renomada** como tal nos incontáveis campos búdicos das dez direções. E isso, surgindo como o jnanasattva no coração de todos os budas, é Manjushri "afiado como um vajra", que é de fato o glorioso Buda, nascido do lótus. No capítulo do *Louvor à Rede Ilusória de Manjushri*[111] isto é apresentado na forma de uma canção, é dito:

> Glorioso Buda, nascido do lótus,
> Que detém o tesouro da sabedoria onisciente,
> O rei manifesto em muitas formas como reflexos de um espelho,
> O poderoso Buda, detentor dos vidya-mantras.

Além disso, os budas dos três tempos e seus herdeiros bodisatvas surgem em incontáveis mandalas de deidades pacíficas e iradas, de diversas formas e sob diversos nomes, gerando benefícios de acordo com as necessidades específicas. Entretanto, quando se compreende que no nível absoluto todos eles são a sabedoria do dharmakaya; e quando, com esta compreensão, a própria meditação alcança uma certeza confiante, então não importa como se aja ou se comporte, tudo se transformará no caminho do Mantrayana. Pois, nesse caso, terá sido alcançado o nível do poderoso rei dos iogues. O tantra *Lucidez Auto-Originada* diz:

> Quando não há fixação ou apego, então o insuperável é conquistado;
> Quando não há veneração, então a deidade é realizada;
> Quando não há nada para recitar, o mantra está perfeito;
> Quando não há nada a realizar, a realização é alcançada.

Os *Dois Segmentos*, a versão condensada do *Hevajra Tantra*[112], diz:

Não há meditação, não há meditador;
Não há deidade, nem mesmo qualquer mantra.
Na natureza que transcende todos os conceitos
Deidade e mantra repousam perfeitamente.

O tantra *A Grande Luz Que é a Ausência de Construções Conceituais*[113] diz:

A lucidez, portanto, vai além dos objetos da mente.
Tudo que rotulamos nada mais é que um nome; tudo sobre o que pensamos nada mais é que um pensamento.
Tudo que vemos nada mais é que a aparência de objetos; tudo que é criado está destinado à destruição.
Pensamentos do passado, do presente e do futuro, quando eles se dissolvem,
É aí que encontramos o não nascido e não manifesto, grande e auto-originado kaya,
Imutável, desimpedido, inalcançável, inapreensível.
Não há fixações nem pensamentos, não há apego, nem dependência.
É dessa forma que reside a lucidez.

O tantra *O Rei Que Tudo Cria* diz:

Em sua talidade todas as aparências são uma só.
Não deixe ninguém interferir ou alterá-la.
Nesse estado soberano de igualdade não elaborada
A sabedoria do dharmakaya livre de pensamentos está espontaneamente presente...

"Em cada coisa tudo está perfeito e completo" —
É aqui que reside a sabedoria do Buda.

E nessa visão que tudo abarca
Tudo é perfeito e sublime.
Aqueles que repousam neste estado de não-atividade
Podem aparentemente ter corpos humanos ou divinos.
Porém eles possuem a sabedoria dos budas iluminados.
Tais seres trabalham para o benefício dos outros
Em êxtase e sem esforços ou intenção...
Esta bodicita, essência de todas as coisas,
É minha natureza espontânea desde o princípio.
Não é necessário procurá-la, atravessando as dez terras.

Minha natureza pode ser assim comparada ao espaço,
E ninguém conseguiu por meio do esforço elaborar o espaço.

O tantra da Grande Perfeição *A Sabedoria Primordial Igual ao Céu*[114] diz:

Uma vez que o auto-originado dharmakaya é conhecido
Não é necessário ocupar-se ou agir.
É como se uma gema preciosa tivesse sido encontrada —
A ação iluminada se manifesta espontaneamente...

Os iogues que alcançaram essa visão
São humanos em seus corpos, mas budas em suas mentes.
Seu kaya auto-originado é dotado com a fala de Brahma
E imediatamente eles são Samantabhadra.

O tantra intitulado *O Grande Samantabhadra Residindo em Nós Mesmos*[115] diz:

A verdade absoluta — quando ela ainda não é conhecida
E a sabedoria auto-originada não está manifesta,

Não há nada que não se torne veneno
E nada que não seja um inimigo prejudicial.
Mas quando o significado do grande êxtase é conhecido,
E abre, assim, a porta da bodicita,
Não há ninguém que não atinja o fruto,
E ninguém que não seja realmente um buda...

Sem permanência ou aniquilação,
Há apenas o grande êxtase,
Imutável, sem esforços, espontaneamente surgindo —
Sem "eu", sem "essência", nem um lado nem outro...

Resplandecente na expansão absoluta além de todo movimento,
Perfeito, não produzido, é um estado de grande perfeição.
Além de toda ação e esforço, ele é não composto.
Além de toda aspiração, ele é perfeito em nós mesmos.
Os três reinos, o mundo e tudo que ele contém,
Nada mais são que os ornamentos do êxtase perfeito.
Nos campos de qualidades perfeitas
Todos são budas, todos sem exceção.

O tantra intitulado *As Seis Expansões de Samantabhadra*[116] diz:

> Eu, o senhor primordial, sou espontaneamente manifesto e surjo na pura e imaculada luz. Rei da ação iluminada, eu possuo o corpo do supremo e grande segredo. Qualquer iogue com a boa fortuna da aguçada e poderosa inteligência que me reconhece, leva à perfeição o fruto de sua prática e é, assim, igual a mim, Samantabhadra.

O tantra *O Rei do Espaço Infinito*[117] diz:

Apesar de ter tanto samsara quanto nirvana sob seu poder,
Do estado de equanimidade ele nunca se move.
Em Samantabhadra tudo é uno.

Assim a sabedoria mais elevada (o absoluto Nascido do Lótus) é claramente indicada nas escrituras vajra.

Do ponto de vista do modo absoluto de ser, nenhum fenômeno nunca se moveu, está se movendo ou se moverá da mandala da base primordial, a qual possui a natureza do estado búdico primordial. Porém, do ponto de vista do modo das aparências, os múltiplos fenômenos do samsara e do nirvana surgem como a exibição criativa dessa mesma base primordial, como se a estivessem envolvendo em um **círculo**.

E assim, para os seres que ainda não realizaram o estado absoluto, ou que o compreenderam incorretamente ou apenas parcialmente (em outras palavras, aqueles que ainda não o realizaram como ele é), aparências inconcebíveis se desenrolam sem fim. Elas se manifestam constantemente através dos três tempos, irradiando e surgindo na expansão infinita do dharmadhatu que tudo permeia. Elas são as dakinis dançarinas no espaço. Essas aparências são ilimitadas e envolvem, por assim dizer, a base primordial — e é por isso que a prece diz **muitas dakinis o envolvem**. Todas essas aparências são a exibição espontânea da natureza absoluta; elas são a mera projeção da mente[118]. Mesmo nos sutras do Mahayana é dito que os fenômenos do samsara e do nirvana são apenas o "depósito" dos pensamentos[119]. Apesar de nunca em momento algum se moverem da natureza absoluta da igualdade, os fenômenos ocorrem infinitamente, puros ou impuros, em toda sua variedade, através dos três tempos.

Por outro lado, para aqueles que compreendem que dentro da expansão da natureza absoluta a totalidade da existência fenomênica possui, desde o princípio, a completamente pura natureza dos quatro vajras, e para aqueles que nunca perdem esta compreensão, mas que se estabelecem à vontade no estado natural de frescor, não elaborado — para aqueles que são, assim, sábios, as aparências impuras comuns e os pensamentos não mais ocorrem. Eles não podem ocorrer, assim como é impossível pedras comuns serem encontradas em um país de ouro. Todos os fenômenos surgem como pureza infinita. Sustentando esta yoga, ininterruptamente como o fluxo de um rio, onde na ausência de fixações todos os pensamentos se dissolvem no momento de seu surgimento, haverá a liberação de todas as correntes impostas pela mente convencional, comum. Todas as qualidades resultantes do caminho Mahayana serão aperfeiçoadas automaticamente e sem esforços, e a cidadela indestrutível do dharmakaya será capturada. O iogue permanecerá na visão final de todos os caminhos e veículos, a visão da atiyoga, além de toda ação e esforço. Com esta visão da natureza absoluta da mente, **seguindo suas pegadas, praticando**, (assim diz a prece) **nós o seguimos**. E através de nossa meditação de acordo com a visão todos os fenômenos se manifestarão como a mandala dos quatro vajras. Portanto, para que a sabedoria primordial possa **nos conceder bênçãos**, e para que possamos realizar esta visão absoluta e **nos aproximar** ou alcançar a mandala da base primordial — para este fim **nós oramos**.

Uma vez que este caminho é o coração de todas as instruções essenciais e é a mais elevada de todas as sabedorias, ele é o **Guru**. Uma vez que a percepção da sabedoria primordial livre de todo apego e impedimentos está livre de máculas, ela é **Padma**. Uma vez que ela é a realização final, ela é **Siddhi**. E finalmente, a realização da inseparabilidade da base e do fruto é indicada pela sílaba semente da mente de todos os budas, ou seja, **Hung**.

Essa realização é alcançar, por meio da sabedoria primordial autocognitiva, a profunda e absoluta visão da talidade, conforme descrita nos sutras e tantras. Todas as visões defeituosas, o domínio do pensamento dualista discursivo, que apreendem existência e inexistência — todas naturalmente se desmancham. É como o tantra *A Promessa das Dakinis*[120] declara:

> Se você tiver néctar em sua boca, não o cuspirá.
> Você não comerá novamente o que vomitou.
> Uma vez que prove o néctar da bodicita da sua própria lucidez,
> Os pensamentos errôneos, causa e fruto falaciosos, você não procurará.

A existência fenomênica nada mais é que a união indivisível [das duas verdades — aparência e vacuidade], o estado não elaborado do grande êxtase coemergente. Discursando sobre os iogues que descobriram esse caminho irreversível, imutável e livre de medos, o *Kalachakra Tantra* afirma:

> Seus corpos são puros, transparentes, sem um único átomo de materialidade, similares ao espaço. Eles possuem todas as marcas maiores e menores do estado búdico. Eles percebem todos os diversos fenômenos das três dimensões da existência como similares ao sonho — como puros, transparentes e livres de obscurecimentos. Sua fala é ininterrupta e toca os corações dos outros seres, pois ela é expressa na linguagem apropriada a eles. Suas mentes estão plenas com o êxtase supremo, inabaláveis, constantemente permeadas pela sabedoria primordial coemergente.

Os iogues e ioguines assim descritos possuem a realização do Mahamudra.

UMA BREVE EXPLICAÇÃO SOBRE COMO A EXPOSIÇÃO ANTERIOR PODE SER IMPLEMENTADA COMO UMA PRÁTICA

No início podemos utilizar a Prece de Sete Linhas como uma parte da prática de guru yoga. Ela estabelece as condições favoráveis para a realização da sabedoria primordial. Depois, com o auxílio de um professor plenamente qualificado, deveríamos conquistar um claro entendimento dos pontos essenciais dos caminhos comuns dos meios hábeis e da liberação, e do caminho final e veloz da Grande Perfeição. Em seguida deveríamos fazer deles o coração de nossa prática e meditar com diligência. É assim que conquistamos a certeza sobre a visão, conforme explicada nas instruções essenciais conclusivas; e é assim que é realizado o nível de um vidyadhara.

Com uma fé irreversível em Guru Rinpoche, considerando-o como a corporificação de todos os refúgios, deveríamos meditar sobre ele, visualizando-o sobre a coroa de nossas cabeças, orando a ele intensamente com os sete versos vajra [da Prece de Sete Linhas]. Do corpo do Guru desce um fluxo de amrita que purifica todas as nossas doenças e todas as forças malignas diante das quais caímos vítimas, assim como todos os pecados, obscurecimentos e sofrimentos de corpo, fala e mente. Todas essas negatividades nos deixam na forma de pus, sangue, insetos, líquidos esfumaçados e diversas outras impurezas. Finalmente, como o sal dissolvendo-se na água, nosso corpo se dissolve em um líquido puro que cai nas bocas abertas de Yama — o senhor da morte — e de todas as outras forças malignas e espíritos sob a terra com quem temos débitos cármicos, de forma que todos esses credores fiquem plenamente satisfeitos. Toda a maldade e os débitos cármicos são, assim, purificados, e se dissolvem na vacuidade.

Então, deveríamos meditar em nossos corpos como sendo o corpo luminoso da deidade yidam com a qual tenhamos uma afinidade, e deveríamos considerar que Guru Rinpoche, visualizado sobre a coroa de nossas cabeças, desce até o centro do lótus de oito pétalas de nossos corações e se funde em um único sabor com a gota essencial indestrutível. Deveríamos, então, permanecer em um estado de equilíbrio meditativo na sabedoria primordial do grande êxtase.

No período pós-meditativo deveríamos considerar que todas as coisas aparentes são um campo búdico puro povoado por deidades. Deveríamos utilizar as atividades de comer, caminhar e sentar como parte da prática, considerando-as como oferendas, circum-ambulações, e assim por diante, respectivamente. Ao irmos para a cama, deveríamos visualizar o mestre no centro de nossos corações e praticar da mesma forma. Assim, em toda a nossa conduta diária, deveríamos nos esforçar na prática como um fluxo constante e ininterrupto, transformando em virtude tudo o que fizermos.

Deveríamos visualizar Guru Rinpoche no céu diante de nós e orar a ele, fazendo-lhe oferendas e preces. Essa é a forma de receber as bênçãos de seu corpo, fala e mente. Tais preces são da mais elevada importância. Pois, de modo geral, todas as qualidades perfeitas dos reinos superiores e a excelência definitiva do estado búdico se manifestam quando seguimos um mestre. Isto é particularmente verdadeiro para a realização do caminho profundo[121], que depende totalmente do recebimento das bênçãos do mestre. Como se diz:

> A sabedoria absoluta e coemergente
> Surge apenas através da reunião de mérito e da purificação de todas as falhas,
> E das bênçãos dos gurus realizados.
> Buscá-la em outros lugares — vocês deveriam compreender — é tolice.

E:

Além do mais, ela é coemergente e inefável.
Você não a encontra em nenhum outro lugar
Exceto através dos ensinamentos oportunos do guru
E pela virtude de seu mérito. Entendam isto bem.

De modo a realizar a sabedoria primordial mais elevada deveríamos estudar os textos dos sutras e dos tantras, junto com seus comentários. Especificamente, deveríamos nos familiarizar com as instruções essenciais que introduzem diretamente e sem véus a sabedoria primordial absoluta, a união de vacuidade e aparência. É através de tais meios que seremos capazes de dissipar todas as dúvidas relativas à visão. Então, esforçando-nos de acordo com nossa compreensão e experiência, seja no caminho dos meios hábeis ou no caminho da liberação, nós colheremos o fruto tanto agora quanto no estado último.

Colofão

Se assuntos triviais tecidos com cadeias de palavras
Imputadas por mentes obscuras e escurecidas —
Quando eruditos as apresentam com habilidosas interpretações —
Podem se mostrar repletos de miríades de maravilhas,
O que dizer sobre a fala vajra perfeita,
Profunda no sentido, que dança surgindo como um relâmpago
A partir das vastas reservas do conhecimento que contempla,
Com os olhos claros e imaculados da sabedoria primordial,
A grande teia das coisas assim como elas são,
Que surge sem esforço para as mentes abençoadas pela fortuna?

A mente irresponsável, infantil, que especula
E subestima ou superestima seus pontos,
É aterrorizante, não pode abarcar a vasta expansão.
Mas aqueles agraciados com a boa fortuna, que com fé
Abraçam esta prece, descobrirão que ela revela
Uma dança de satisfação dos desejos.
Pois ela é, de fato, capaz de expressar
Os sutras, tantras: todos os ensinamentos do Darma.

Apresentar todos os seus prodígios, interpretar o seu sentido.
Mesmo os Grandes Bodisatvas disto são incapazes.
Como poderia alguém como eu?
Não conhecendo sua profundidade, alguns tolos de visão estreita declaram
Que são palavras vazias e não possuem profundidade.
"Não há profundidade", eles dizem. "Não há nada difícil de apreender."
Eles não louvam estes versos vajra vastos e profundos.

Mas quando, sobre o límpido oceano da mente maravilhosa,
As estrelas da fé lançam suas imagens brilhantes,
A lua marcada pela lebre (esta prece vajra maravilhosa)
É vista como suprema sobre todos os outros textos.

Esta profundidade de significado escondido como um tesouro na terra,
Selado nas palavras desta prece,
Ressoando em minha constante recitação,
Espontaneamente apareceu. E aqui eu encontrei
O segredo da mente iluminada.

No centro de meu coração,
Na essência imaculada da mente lúcida,
Meditando sobre o glorioso e perfeito Buda Nascido do Lótus,
O jnanasattva Manjushri,
Surgiu em minha mente
A transmissão da linhagem das bênçãos.
Tudo isso eu elaborei em palavras
E assim este comentário, Lótus Branco, eu compus.

Através dele possam todos contemplar
A sabedoria primordial, o Rei do Lótus auto-originado,
Manifestando-se na vastidão similar ao espaço de suas mentes.
Possamos eu e todos que possuem conexão com esta prece
Ser cuidados por Padma em todas as nossas vidas.
Possamos nós receber, refletir e meditar
Sobre os ensinamentos sem impedimentos ou obstáculos,
E conquistar com facilidade o nosso próprio benefício e o dos outros.
E possam os ensinamentos gerais do Conquistador,

As yogas dos três tantras internos,
Especialmente os ensinamentos preciosos da luz da essência vajra,
Intensamente se disseminar em todas as dez direções.
Que a alegria de cada ser e a riqueza do Darma poderosamente cresçam!

O *Lótus Branco*, este comentário sobre a Prece de Sete Linhas, possui três aspectos. Externamente suas pétalas estão completamente desabrochadas, pois a explicação das palavras é clara e facilmente compreendida. Internamente o sabor de seu significado oculto possui a doçura do néctar. Finalmente, por meio da prática, ele libera um sublime perfume de bênçãos.

Quando eu, Mipham Namgyal, estava com 25 anos de idade, enquanto permanecia próximo de Dza'i Gyalpo, no sexto mês do ano do cavalo de ferro (1870), um evento fez com que todo o significado oculto da prece aparecesse repentinamente em minha mente. No décimo quinto dia daquele mesmo mês, eu coloquei tudo por escrito. Mesmo mais tarde, quando certas encarnações preciosas como Jamyang Khyentse Wangpo expressaram sua aprovação a meus esforços, estes estavam apesar de tudo maculados pelas limitações de uma composição juvenil. Assim, eu introduzi algumas pequenas melhorias no texto e o deixei de lado, com o resultado de que depois de algum tempo a cópia original foi perdida.

Mas meu atendente, Sherab Ösel, que me considera seu professor principal e que tem me servido honestamente por muitos anos, procurou em todas as direções pelo manuscrito e finalmente o encontrou. Com uma firme fé em Guru Rinpoche ele já havia completado um milhão e trezentas mil recitações da Prece de Sete Linhas e se comprometeu a fazer mais. Ele fez oferendas em diversas ocasiões, pedindo-me para compor um comentário sobre a prece, dizendo que ele precisava de uma explicação detalhada que apresentasse todos os seus significados externo, interno e secreto.

Por afeto a ele e a todos os seguidores de Guru Rinpoche e, na verdade, para todos os seres desta era final, eu me lancei à tarefa com uma diligência que superou os efeitos de minha doença; e trazendo para o foco o texto anterior (no qual certas expressões eram bastante difusas), eu o aperfeiçoei com a adição de muitos pontos novos. O trabalho foi completado em um dia auspicioso no sexto mês do ano do boi de ferro (1901) em meu pequeno eremitério em Shri Simha, o colégio erudito do Monastério Dzogchen, onde os ensinamentos dos três veículos ressoam. Por meio desse mérito possam todos os seres que possuem uma conexão com esta prece renascerem na Luz de Lótus, a terra pura de Guru Rinpoche. Possa este comentário constantemente emanar grandes benefícios para a doutrina e para os seres vivos!

❧ A Chuva de Bênçãos ❧
Uma Guru Yoga baseada na Prece de Sete Linhas

Ah

Considerando-me em minha forma humana comum, eu vejo no céu diante de mim

O imaculado lago de Dhanakosha no país de Orgyen.

Ele é extremamente profundo e está preenchido por águas abençoadas com a excelência óctupla.

No centro desse lago, sobre um lótus florescente elevado sobre seu caule precioso,

Está sentado Orgyen Vajradhara, corporificação de todos os refúgios,

Resplandecente com a glória das marcas do estado búdico,

Abraçando sua princesa consorte.

Sua mão direita segura um vajra; e na esquerda ele segura uma taça de crânio e um vaso.

Sua aparência é magnífica em seus mantos de seda, ornamentos de joias e ossos.

Em uma nuvem de luz de cinco cores, ele resplandece com o esplendor do grande êxtase.

O oceano das três raízes se reúne numerosamente ao seu redor como uma nuvem.

Ele olha para mim e derrama uma chuva de bênçãos de compaixão.

Invocação
> Diante de seu corpo de sabedoria imortal, a natureza de todos os budas,
> Com intensa e genuína devoção, com fé e constantemente, eu me prostro.
> Meu corpo e minhas riquezas e todos os meus méritos acumulados nos três tempos,
> Considerados como uma nuvem de oferendas de Samantabhadra, eu apresento tudo isso diante de você.
> Eu confesso todas as minhas ações negativas, todas as falhas acumuladas desde o tempo sem princípio.
> Com a sua vida e suas ações, meu senhor, no qual está reunida
> Toda a excelência de todos os budas e seus herdeiros,
> Eu me regozijo sinceramente e rezo a você com devoção.
> Eu lhe suplico para que derrame sobre mim uma forte chuva de Darma vasto e profundo.
> Reunindo todas as virtudes minhas e dos outros,
> Pelo tempo que todos os mundos de seres, vastos como o oceano, durarem,
> Eu o seguirei, meu senhor, na vida e nas ações,
> E dedico esta virtude à orientação de todos os seres tão numerosos quanto a vastidão do espaço.
> Grande mina de tesouros de amor e conhecimento, corporificação de todos os refúgios,
> Precioso e único refúgio nestes tempos maléficos, nesta era de degenerescência —
> Atormentado pelas dores provocadas pelas cinco degenerescências
> Eu rezo a você com intensa devoção. Olhe rapidamente para seu/sua filho(a) com olhos amorosos.
> E que da vasta expansão de sua sabedoria possa a habilidade

de sua compaixão transbordar
E abençoar e fortalecer agora meu coração esperançoso.
Rapidamente mostre-me sinais e presságios da realização
E conceda-me os siddhis comuns e o supremo.

Continue recitando a Prece de Sete Linhas tantas vezes quanto puder.

HUNG
No país de Orgyen, em sua fronteira noroeste,
Sobre um lótus, pistilo e caule,
Espantosa e suprema realização você alcançou
E como o Nascido do Lótus você é renomado.
Um círculo de muitas dakinis o envolve,
Seguindo suas pegadas, praticando, nós o seguimos.
Para que conceda suas bênçãos, aproxime-se, nós oramos.
Guru Padma Siddhi Hung

Em resposta à minha prece devotada, dos corações do Guru e de sua consorte e do ponto de sua união, raios de luz de cinco cores da sabedoria primordial são emanados, espalhando-se como fios muito delgados. Eles penetram meu coração e abençoam minha mente.

Então recite o mantra:[122]

OM AH HUNG BENZAR GURU PEMA SIDDHI HUNG

No final da sessão:

Das três sílabas, que se encontram nos três centros do Guru,
Raios de luz branca, vermelha e azul são emanados.

Eles penetram em meus três centros, e assim minhas três portas
São purificadas de seus véus de obscurecimento e se tornam os vajras do corpo, fala e mente.
Finalmente, o Guru e seu séquito se dissolvem em luz,
Em gotas de luz brancas e vermelhas marcadas com a sílaba HUNG.
Elas penetram no meu coração—a mente do Guru
E a minha própria mente se tornam inseparáveis.
Assim eu repouso no estado do dharmakaya inerente.

A AH

Ao dizer isso, olhe para a própria face do grande dharmakaya primordial, a natureza de sua própria mente, imutável desde o princípio, além de toda aceitação e rejeição...

Mais uma vez as aparências surgem como em uma miragem. Olhe para todas elas como se possuíssem a natureza do Guru. Dedique o mérito e, fazendo preces de desejos positivos, faça com que tudo seja auspicioso.

No oitavo dia da lua crescente do sétimo mês, rezando para ser em todas as suas vidas um servo do Guru do Lótus, Mipham Namgyal extraiu isto do lago de sua mente. Virtude! Mangalam.

❧ Notas ❧

Introdução dos tradutores

1. Ver Yeshe Tsogyal, *The Lotus-Born: The Life Story of Padmasambhava* (Boston: Shambhala Publications, 1993). Esse livro, que é uma mina de detalhes fascinantes, contém uma lista bastante completa das fontes tibetanas. Ver págs. 223-30.
2. Ver Dudjom Rinpoche, *Counsels from my Heart* (Boston: Shambhala Publications, 2001), pág. 54.
3. O corpo de arco-íris representa a realização da iluminação de acordo com os ensinamentos da Grande Perfeição. Existem vários níveis de corpo de arco-íris, dos quais a grande transferência (*já lus pho ba chen po*) é o mais elevado. Como explicado por Tulku Thondup, o iogue "transforma seu corpo comum impuro em um corpo similar ao arco-íris, e então ele vive por séculos sem morrer enquanto ele for de benefício para os outros. Às vezes, ele permanece invisível para os seres comuns, mas quando a oportunidade de ensinar e servir os outros surge, ele se tornará visível em sua forma original ou em formas diferentes repetidamente. Esse corpo também é conhecido como Corpo-Vajra (*rdo rje sku*)." Tulku Thondup, *The Tantric Tradition of the Nyingmapas* (Marion, Mass.: Buddhayana, 1984), pág. 193. Apesar da realização do corpo de arco-íris de grande transferência ser muito rara, relata-se que outros mestres além de Guru Rinpoche (por exemplo, Vimalamitra) o atingiram.
4. Dilgo Khyentse, *The Wish-Fulfilling Jewel* (Boston: Shambhala Publications, 1988), pág. 3.
5. Khyentse, *The Wish-Fulfilling Jewel*, pág. 9.

6. Gyalwa Changchub e Namkhai Nyingpo, *Lady of the Lotus-Born* (Boston: Shambhala Publications, 1999), pág. 176.
7. Changchub e Nyingpo, *Lady of the Lotus-Born*, (Boston: Shambhala Publications, 1999), pág. 20.
8. Como exemplo desta prática nós adicionamos no final deste livro uma tradução de Chuva de Bênçãos, uma prática de guru yoga composta por Mipham Rinpoche que coloca ênfase especial na recitação da Prece de Sete Linhas.
9. Ver Khyentse, *The Wish-Fulfilling Jewel*, pág. 19.
10. Toda a história da vida de Yeshe Tsogyal, conforme retratada em *Lady of the Lotus-Born*, pode ser vista como um exemplo da relação guru-discípulo e como uma ilustração extensa da prática de guru yoga.
11. Ver Tulku Thondup, *Hidden Teachings of Tibet* (Londres: Wisdom Publications, 1986), pág. 61.

LÓTUS BRANCO

1. Padmakara e Padmasambhava são igualmente os nomes de Guru Rinpoche e ambos são traduzidos em tibetano como *pad ma 'byung gnas*. O nome pode ser compreendido de duas formas: ou como "Nascido do Lótus" (a interpretação mais comum) ou como "Fonte do Lótus". A segunda interpretação é referida mais adiante no comentário, ver página 63-64. Ver também Padmasambhava e Jamgön Kongtrul, *The Light of Wisdom* (Boston: Shambhala Publications, 1995), págs. 45-46.
2. Oddiyana, o reino das dakinis, é tradicionalmente localizado a noroeste do subcontinente indiano, talvez na área do vale Swat, adjacente a Kashmir, onde é hoje o Paquistão. Antes da chegada do islamismo esta região era renomada por sua tradição do budismo tântrico, um fato atestado por sua rica herança arqueológica. "Oddiyana" era o nome sânscrito para o que era localmente conhecido como "Udyan", o nome a partir do qual os tibetanos aparentemente derivaram o seu termo "Orgyen". Ver Ngawang Zangpo, *Guru Rinpoche: His Life and Times* (Ithaca, N.Y.: Snow Lion Publications, 2002), págs. 57-59.
Nesta tradução adotamos a prática de utilizar tanto a variante em sânscrito quanto a tibetana, visto que ambas são correntes, mas demos preferência

ao tibetano "Orgyen", por esta ser a forma mais familiar para os praticantes, muitos dos quais recitam a prece a Guru Rinpoche em tibetano.
3. Este era o nome dado a Jamgön Kongtrul Lodrö Thayé (1813-1899) em sua habilidade como tertön, ou revelador de tesouros secretos.
4. Esta é uma tradução literal de *pad ma kun tu 'chang*, um epíteto de Guru Padmasambhava.
5. *nges pa lnga*. As cinco certezas do sambhogakaya se referem ao professor (Akshobya, por exemplo), seu séquito (bodisatvas no décimo nível de realização), o ensinamento (o Mantra Secreto), o local (seu campo búdico de Abhirati, ou Alegria Manifesta), e o tempo (a roda da continuidade duradoura, além do tempo).
6. *rnam shes bdun*. Ou seja, as consciências dos seis sentidos (a mente é considerada o sexto sentido) mais a consciência obscurecida que concebe o "eu".
7. *byang chub yan lag bdun*. Entre os trinta e sete elementos que conduzem à iluminação, estes são os sete fatores do caminho da visão, ou seja: atenção mental plena, discernimento perfeito, diligência, alegria, flexibilidade, concentração e igualdade.
8. *don dam dkor bdun*. Corpo, fala e mente iluminados, qualidades, atividades, expansão absoluta e sabedoria primordial.
9. Diz-se que Vairotsana renasceu mais tarde como Jamgön Kongtrul, o tertön que revelou este tesouro em texto. Esta referência a Vairotsana é a autorização profética de Guru Rinpoche (*bka' babs lung bstan*), designando Vairotsana como o veículo para a transmissão do ensinamento de tesouro. A autorização profética não é "apenas uma previsão de acontecimentos futuros, mas tem o poder de concretizar aquilo que foi dito, devido ao poder das palavras da verdade de Guru Padmasambhava". Ver Tulku Thondup, *Hidden Teachings of Tibet*, pág. 68.
10. Nosso universo é assim chamado porque seus habitantes suportam emoções obscurecidas e sofrimento em grande medida e os bodisatvas suportam dificuldades e praticam com coragem. Ver Longchen Yeshe Dorje, Kangyur Rinpoche, *Treasury of Precious Qualities* (Boston: Shambhala Publications, 2001), pág. 395, nota 260.
11. As oito manifestações, *mtshan brgyad*. Elas são: Padmasambhava, Loden Chokse, Padma Gyalpo, Nyima Özer, Senge Dradok, Shakya Senge, Dorje Drolö e Vajradhara de Orgyen.

12. Isto é, respectivamente, Amitaba, Avalokiteshvara e Guru Padmasambhava.
13. Shambhala do Norte é uma terra escondida, localizada em nosso mundo humano. Seus reis são emanações iluminadas e os ensinamentos do *Kalachakra Tantra* são preservados e praticados ali.
14. *O Feroz Detentor da Roda*, o nome do futuro kalki (*rigs ldan*), o "rei da linhagem" de Shambhala que com seu exército vencerá as hordas de bárbaros, levando o período de degenerescência ao fim e desencadeando uma nova era de ouro. Ver nota 13.
15. Parece adequado deixar a grafia em sânscrito de *padma* aqui, mas o leitor deveria entender que ela é pronunciada pema pelos tibetanos e pela maioria dos praticantes do budismo tibetano.
16. Falando em termos botânicos, a palavra tibetana *ge sar* é um tanto imprecisa. Ela simplesmente se refere ao centro ou coração de uma flor, o qual a ciência ocidental analisa em diferentes itens: estames, anteras, pistilo e assim por diante. A característica marcante do botão de lótus indiano (*nelumbo nucifera*) é de que, no centro de uma coroa de estames dourados, carregados com pólen, o pistilo assume a forma de uma vagem em formato de receptáculo, plano no topo, contendo sementes, cuja cor também é amarelo-ouro. Pode-se imaginar que se a flor fosse grande o bastante, o pistilo-receptáculo constituiria um assento admirável.
17. *dpal gyi beu*. Uma configuração em formato de treliça que é um símbolo da mente iluminada. Segundo o Khenpo Yonten Gyamtso em seu comentário ao *Tesouro de Preciosas Qualidades* de Jigme Lingpa: "o dharma chakra situado no coração é referido como o 'nó sem fim' devido à sua profunda expansão". Ver Yonten Gyamtso, *yon tan rin po che 'i mdzod kyi 'grel pa zab don snang byed nyi ma 'od zer*, volume *Hung*, pág. 350.
18. Simplesmente ver Guru Rinpoche (ou representações dele) é uma fonte de benefício para os seres.
19. O veículo externo é o veículo causal que compreende o Hinayana e a seção geral (sutra) do Mahayana. O veículo interno, ou "resultante" é o Mantra Secreto, ou Vajrayana.
20. Os três tipos de sofrimento são o "sofrimento do sofrimento", isto é, as dores físicas e mentais no sentido usual do termo; o "sofrimento da mudança", os estados aparentemente felizes que mais cedo ou mais tarde se transformarão em seus opostos; e o "sofrimento em anda-

mento que tudo permeia", que é o sofrimento inescapável implícito em cada tipo de ação composta.

21. Campo búdico nirmanakaya natural, *rang bzhin sprul sku 'i zhing khams*. De acordo com o Khenpo Yonten Gyamtso, os campos búdicos nirmanakaya naturais são a exibição da radiância espontânea da luminosidade interna da sabedoria primordial. Ver Yonten Gyamtso, *yon tan rin po che 'i mdzod kyi 'grel pa zab don snang byed nyi ma 'od zer*, volume Hung, pág. 805.
22. "Insuperável" é o significado literal de *bla ma* (que é uma abreviação de *bla na med pa*), o equivalente em tibetano para o sânscrito guru.
23. *snying thig tshig bdun ma*. Uma sadhana de Guru Rinpoche pertencente ao ciclo *bla ma gsang 'dus*.
24. Os três vajras são os três estados indestrutíveis do corpo, fala e mente iluminados.
25. O contexto aqui é o do *kye rim (skyed rim)*, ou estágio da geração. A prática de uma sadhana é analisada como passando por quatro fases: aproximação (*bsnyen pa*), aproximação íntima (*nye bsnyen*), realização (*sgrub pa*) e grande realização (*sgrub chen*). Aqui, as últimas duas fases constituem o estágio da perfeição dentro do estágio da geração.
26. *chos sku chen po*. Isto se refere à união indivisível das duas verdades superiores do Mantrayana, ou seja, os aspectos indivisíveis da pureza e da igualdade de todos os fenômenos (isto é, sua verdade relativa e absoluta, respectivamente). O grande dharmakaya não deve ser compreendido como um aspecto de mera vacuidade.
27. Há três formas para acumular a recitação de uma prece ou mantra: (1) praticando a recitação por um período predeterminado de tempo, (2) praticando até ter acumulado um número predeterminado de recitações, ou (3) praticando a recitação até que os sinais de realização apareçam.
28. *bka' brgyad yongs 'dus kyi rig 'dzin phyi sgrub*.
29. *bla ma gsang 'dus them med*.
30. *bla ma sgrub pa 'I gsang them gnad yig*. É mais provável que este texto pertença ao ciclo de *O Guru como a Reunião dos Segredos (bla ma gsang 'dus)*.
31. *bla ma gsang ba 'dus pa 'i sgrub pa lung gi byang bu*.
32. *bdud rtsi 'byung rgyud*.
33. *tshes bcu bskul thabs*.

34. *pad ma bka 'yi thang yig*. Uma biografia de Guru Padmasambhava escondida como um tesouro em texto e descoberta por Orgyen Lingpa (1323-?).
35. Isto é, Avalokiteshvara.
36. Esta e as duas linhas precedentes são uma referência aos três kayas, ou dimensões do estado búdico: o aspecto dharmakaya, ou Samantabhadra, no dharmadhatu; o aspecto sambhogakaya, ou Vajradhara, no campo búdico do Denso Ornamento; e o aspecto nirmanakaya, ou Buda Shakyamuni, em Vajrasana (o Trono Vajra em Bodh Gaya).
37. *leu bdun ma*. O célebre ensinamento final de Guru Rinpoche oferecido aos seus discípulos antes de deixar o Tibete, ocultado como um terma e descoberto por Rigdzin Godem (1337-1408).
38. *bla ma sgrub pa'i gnad yig*.
39. *snyan brgyud nor bu'i mdzod khang*.
40. *bla ma drag po*.
41. *bla ma dgongs 'dus sku rgyud shel gyi ri bo*. Um ciclo de ensinamentos ocultado como um tesouro e descoberto por Sangye Lingpa (1340-96).
42. Existem dois tipos de meditação na tradição do tantra: a meditação de acordo com o caminho da liberação e a meditação de acordo com o caminho dos meios hábeis. Em resumo, o caminho da liberação enfatiza os três tipos de sabedoria (derivadas de ouvir, refletir e meditar sobre os ensinamentos) através dos quais a compreensão e a realização são conquistadas. O caminho dos meios hábeis enfatiza os métodos e envolve práticas relacionadas, entre outras coisas, aos canais sutis, energias dos ventos e gotas essenciais do corpo físico.
43. *yum la bstod pa*.
44. *rig pa rang shar gyi rgyud*.
45. *rdzogs chen chos nyid byang chub sems rnam dag ston pa'i rgyud*.
46. *me lce phreng ba'i rgyud*.
47. *kye rdo rje rgyud*.
48. *dpal mchog dang po*.
49. Vajratopa (*rdo rje snyem ma*) é o nome da consorte de Vajrasattva.
50. *dus kyi 'khor lo bsdus pa'i rgyud*.
51. *bde mchog gi rgyud*.
52. *gdan bzhi pa'i gyud*.
53. *'khor lo sdom pa gsang ba bsam gyis mi khyab pa*.

54. rdo rje sems dpa ´nam mkha ´dang mnyam pa ´i rgyud.
55. gsang ba snying po ´i rgyud.
56. rdo rje sems dpa ´nam mkha ´che.
57. kun byed rgyal po ´i rgyud.
58. sangs rgyas mnyam sbyor.
59. he ru ka gal po ´i rgyud.
60. Infelizmente não fomos capazes de produzir uma tradução adequada desta citação. O texto em tibetano é pronunciado da seguinte forma: gang phyir a sogs ka sogs ri bong can dang nyin byed gcig nyid rdi rje can gyi gdan min zhing / hung yig nyid kyi mtshan ma dang ni yongs su gyur pa gzhan pa kha dog gzugs dag mi ´dod de / ´gyur med dag gis bskyed cing ´gyur ba nyams par gyur pa mchog gi dbang po dag dang ldan pa ni / rnam pa kun ldan thig le mtha ´dag rgyal ba ´i bdag po sna tshogs sgyu ma ´dzin pa ´di la ´o.
61. dus kyi ´khor lo rsta ba ´i rgyud.
62. Manjushri-nama-samghiti, ´jam dpal gyi don dam pa ´i mtshan yang dag par brjod pa.
63. brka shis rig pa ´i khyu byug.
64. Em outras palavras, o nome Buda Padmasambhava (como Padmakara) é interpretado como significando "a fonte dos budas [similares ao] lótus". Ver Lótus Branco nota 1.
65. bras chos. Literalmente, as qualidades do fruto ou resultado.
66. rnam thar sgo gsum. As três portas da liberação perfeita são as três formas de expressar a realidade absoluta de todos os fenômenos. Diz-se que os fenômenos são: (1) vazios (por não possuírem existência inerente), (2) destituídos de atributos (porque as atribuições conceituais de existência e inexistência, bom e mau, e assim por diante, não podem ser adequadamente aplicadas a eles), e (3) além de expectativas (pois na natureza da mente samsara e nirvana são indistinguíveis — com o resultado de que nirvana, ou estado búdico, não é algo sobre o qual devamos ter expectativas).
67. Em relação aos dois mestres Nagarjuna e Asanga, o primeiro é normalmente considerado o expoente principal da visão profunda da vacuidade, que ele apresenta em seus textos baseados em raciocínio, baseando--se nos sutras Prajnaparamita pertencentes ao segundo giro da roda do Darma. Entretanto, em seus Hinos, ou textos devocionais, ele apela para a visão de tathagatagarbha conforme apresentada nos sutras do terceiro

giro da roda do Darma, uma visão que é extensivamente exposta e elaborada nos ensinamentos do Bodisatva Maitreya, conforme transmitido e colocado por escrito por Asanga. É importante ter em mente que do ponto de vista Nyingma as visões dos dois giros são complementares (um não é considerado superior ao outro) e suas escrituras associadas são consideradas como de significado absoluto.

68. *tshad ma rnam grel*. O célebre comentário de Dharmakirti sobre o Pramanasamucchaya de Dignaga. Os textos de Dignaga e Dharmakirti são fontes primárias para os ensinamentos budistas sobre lógica e epistemologia.
69. Isto é, anuttarayoga tantra, a classe mais elevada de ensinamentos de acordo com a classificação quádrupla dos tantras.
70. "Agregado do corpo vajra" é uma tradução de *rdo rje lus* em contraste com *rdo rje sku*, que é traduzido simplesmente como "corpo vajra". O primeiro é o aspecto sutil do corpo físico e é composto por canais, energias dos ventos e gotas essenciais. O segundo é o corpo de sabedoria indestrutível, que transcende completamente essas categorias.
71. *Ro ma* e *rkyang ma* são termos tibetanos. Em sânscrito os canais direito e esquerdo são denominados rasana e lalana, respectivamente. O canal central é denominado uma (*dbu ma*) em tibetano, *avadhuti* em sânscrito.
72. Ou seja, *khams*, que é outro termo para *thig le*, a gota essencial. Para uma interessante discussão sobre as energias solar e lunar dos ventos em relação ao aumento e à diminuição da potência dos cinco elementos, ver Jamgön Kongtrul, *The Treasury of Knowledge*, livro 6, parte 4, *Systems of Buddhist Tantra* (Ithaca, N.Y.: Snow Lion Publications, 2005), pág. 179 e notas.
73. Gota essencial (sct. *tilaka*, tib. *thig le*). De acordo com Jamgön Kongtrul este é "o núcleo ou semente do grande êxtase." Possui dois aspectos: primeiro, a gota essencial absoluta da sabedoria primordial (*don dam ye shes kyi thig le*), e segundo, as gotas essenciais substanciais vermelha e branca (*rdzas kyi thig le*). As gotas essenciais substanciais são de dois tipos: a quintessencial ou refinada (*dwangs ma*) e a residual (*snyigs ma*). A gota essencial residual é ainda subdividida em refinada e residual. A primeira (residual-refinada) dá radiância e força ao corpo; a segunda (residual-residual) se refere aos fluidos essenciais que são emitidos pelo corpo. Ver Kongtrul, *Systems of Buddhist Tantra*, págs. 181-82, e notas.
74. *mkha' gro rgya mtsho'i rgyud*.

75. *bcom ldan ´das*. Um epíteto para o Buda. A tradução tibetana de Bhagavan é interpretativa e é compreendida como implicando que o Buda é vitorioso (*bcom*), possuidor de [todas as qualidades virtuosas] (*ldan*) e transcendente (´*das*).
76. *sgyu ´phrul me long gi gyud*.
77. *mkha´ ´gro ma rdo rje gur gyi gyud*.
78. Isto nada mais é que uma tradução aproximada de uma passagem especialmente difícil. Em tibetano ela é soletrada da seguinte forma: *nam mkha´ bum pa´i dbus nas chu ni len par byed pa na yang ´gro ba min pa ji lta ba / mkha´khyab mkha´yi rdo rje can ni yul dang rnam bral lus kyi dbus dag tu yang de bzhin no / zhes dang / stong pa la ni ye shes rnam par bsres ba ro mnyam ´gyur med rtag par yang ni ´gyur ba ste / de ltar 'byung ba la gnas zhi ba rnam gsum srid pa la gnas rang gi lus la rig par bya*.
79. As palavras "espaço" e "percurso" são traduções de *mkha´ ´gro*, o equivalente em tibetano da palavra *dakini* em sânscrito.
80. *khrul ´khor*. Sistemas de exercícios físicos que alinham os canais sutis do corpo e desfazem os nós no canal central.
81. *rlungs sems*.
82. ´*pho ba´i bag chags*. De acordo com o *Kalachakra Tantra* a propensão ao movimento se refere à tendência de emitir a gota essencial em seu aspecto grosseiro. Ver Kongtrul, *Systems of Buddhist Tantra*, pág. 429, nota 30.
83. *rnal 'byor ma´i rgyud kun tu spyod pa*.
84. *tsitta sha´i sgron ma*.
85. *rgyang zhags chu´i sgron ma*.
86. *dbyings rnam dag gi sgron ma*.
87. *thig le stong ba´i sgron ma*.
88. *shes rab rang byung gi sgron ma*.
89. Isso se refere às técnicas específicas do olhar (´*char byed sgo´i gnad*); o uso do apoio de um céu límpido, o sol e a lua e assim por diante (´*char gzhi yul gyi gnad*); respiração através da boca e lucidez (*rlungs rig gi gnad*).
90. *mi ´gul ba gsum*. O corpo deve estar imóvel em uma das três posturas especiais; os olhos devem estar fixos e posicionados na forma apropriada de olhar; a mente montada sobre a energia dos ventos não deveria entrar em qualquer movimento ou alteração.

91. *sdod pa gsum.* Se as aparências externas repousarem sem flutuações, todas as adversidades surgirão como amigos; se o corpo repousar sem coisa alguma a fazer não haverá pensamentos deludidos; se a mente montada sobre a energia dos ventos repousar imóvel e sem proliferações, os pensamentos não poderão surgir.
92. *thob pa gsum.* Quando alguém tem domínio sobre as aparências externas, o ambiente externo surge como um campo búdico; quando se possui domínio sobre o corpo, ele se dissolve em luz; quando se possui domínio sobre o espaço-lucidez, os pensamentos deludidos naturalmente cessam.
93. Os quatro tipos de certeza confiante são os *gdengs bzhi*: (1) a certeza confiante pela qual não há medo dos reinos inferiores, (2) a certeza confiante graças à qual não há expectativas em relação ao amadurecimento pleno dos efeitos cármicos, (3) a certeza confiante que consiste na ausência de expectativa pela realização da meta, e (4) a certeza confiante pela qual a alegria de alcançar a natureza da base é purificada no estado de equanimidade.
94. Estas quatro visões são respectivamente denominadas em tibetano *chos nyid mngon sum, nyams snang gong ʾphel, rig pa tshad phebs* e *chos nyid zad sa*.
95. *cog bzhang bzhi.* Estes quatro métodos de "deixar as coisas como são" estão relacionados à visão, meditação, ação e resultado, e se referem à prática do trekchö focado na pureza primordial dos fenômenos.
96. Isto é, não é dependente da construção conceitual, ao contrário do caminho de acordo com a mahayoga, por exemplo.
97. *rdzogs chen lta ba ye shes gting rdzogs kyi rgyud.*
98. *jam dpal don dam paʾi mtshan brjod pa.*
99. *gser gyi me tog mdzes pa rin chen sgron ma ʾbar ba.*
100. *seng ge rtsal rdogs kyi rgyud.*
101. Isto é, as cinco sabedorias. Ver página 69.
102. Essa tradução é bastante conjectural. O texto tibetano é o seguinte: *shes rab shes dag ni sems dang de yi snang ba dag kyang rnam pa bcu po nyid du gyur / dbang ni dri med ri bong can mtshung me longs gzugs brnyan lta buʾdi la zhugs pa gang yin pa / de las mya nganʾdas paʾi bde baʾpho med lhan cig skyes paʾgyur med nyid ni bzhi pa ste / sangs rgyas zhalʾdi gsang gi snying dang kha la gnas par gyur pa de ni dpal ldan bla maʾo.*
103. *bang mdzodʾphrul ldeʾu.*

104. *rdzogs chen snang srid kha sbyor gyi rgyud.*
105. *rdzogs chen nam mkha´ mnyam pa´i rgyud.*
106. Esses quatro estágios, anteriormente referidos como fases do estágio da geração (ver nota 25), são empregados aqui para descrever o progresso ao longo de todo o caminho.
107. Os quatro demônios são símbolos dos obstáculos encontrados no caminho. O demônio dos agregados se refere aos cinco constituintes psicofísicos que em conjunto dão origem à impressão de uma essência individual. O demônio dos obscurecimentos se refere às emoções aflitivas. O demônio da morte se refere não apenas à própria morte, mas também à transitoriedade momentânea de todos os fenômenos. O demônio filho dos deuses se refere à distração e ao flutuar da mente.
108. *thig le nyag gcig.*
109. Isto é, seres vivos são a causa material (não eficiente) dos budas, da mesma forma que a argila é a causa para o vaso no qual ela se transforma.
110. *ye shes rdo rje kun las btus pa.*
111. *'jam dpal sgyu 'phrul drva ba'i bstod pa.*
112. *kye rdo rje'i rgyud brtag gnyis.*
113. *spros bral don gsal chen po'i gyud.*
114. *rdzogs chen ye shes nam mkha´ dang mnyam pa'i rgyud.*
115. *kun tu bzang po che ba rang la gnas pa'i rgyud.*
116. *kun tu bzang po klong drug pa'i rgyud.*
117. *klong rab 'byams rgyal po'i rgyud.*
118. *sems kyi snang ba.*
119. *rtog pas bzhag pa tsam.*
120. *mkha´´ gro ma'i sdom pa'i rgyud.*
121. Isto é, o Mantrayana e especialmente a Grande Perfeição.
122. O mantra foi aqui soletrado de acordo com a forma pronunciada pelos tibetanos. Uma transliteração estrita do sânscrito seria: Om Ah Hum Vajra Guru Padma Siddhi Hum. Para o propósito de recitação achamos mais conveniente reproduzir o som do mantra conforme ouvimos de nossos professores tibetanos.

❧ Glossário ❧

Agama (sct.), *lung* (tib.) – Ensinamentos esotéricos que elucidam os tantras. Na classificação dos tantras da escola Nyingma, os tantras internos são divididos em três grupos: mahayoga, anuyoga e atiyoga. Neste mesmo sistema, esses três grupos também são referidos como *rgyud*, *lung* e *man ngag* (sct. tantra, agama e upadesha, respectivamente), onde mahayoga é vista como tantra (*rgyud*), anuyoga é considerada elucidação (agama, ou lung), e atiyoga é considerada uma instrução essencial (upadesha, ou man *ngag*).

Amitaba (sct.), *'od dpag med* (tib.) — literalmente: luz incomensurável. O Buda da família Lótus, simbolizando o aspecto da fala de todos os budas.

Amrita (sct.), *bdud rtsi* (tib.) — literalmente: a ambrosia que supera o demônio da morte. A bebida da imortalidade e um símbolo de sabedoria.

Antiga Tradição, *rnying ma* (tib.) — A tradição original do ensinamento budista no Tibete a partir do século oitavo, às vezes referida como a Escola da Antiga Tradução, assim denominada em contraste com as escolas da tradição da Nova Tradução, fundadas a partir do século doze.

ANUTTARA TANTRA (sct.), *bla na med pa'i rgyud* (tib.) — literalmente: tantra insuperável. A quarta e mais elevada classe dos tantras de acordo com a classificação quádrupla dos tantras preferida nas Novas tradições. Corresponde aos três tantras internos (maha, anu e ati) em contraste aos três tantras externos (kriya, charya e yoga) da classificação sêxtupla Nyingma.

AVALOKITA (sct.), *spyan ras gzigs* (tib.) — Ver Avalokiteshvara.

AVALOKITESHVARA (sct.), *spyan ras gzigs* (tib.) — O Bodisatva considerado a corporificação da compaixão de todos os budas. Ele também é visto como o sambhogakaya no agrupamento triplo em que Amitaba é o dharmakaya e Guru Padmasambhava é o nirmanakaya.

BASE, CAMINHO E FRUTO, *gzhi lam 'bras bu* (tib.) — A estrutura tripla de acordo com a qual cada sistema budista expressa sua visão geral. De modo geral, a base é o verdadeiro estado dos fenômenos (conforme concebido em um determinado sistema), o caminho consiste na meditação realizada a partir da estrutura daquela visão, e o fruto é o resultado final da prática. No sistema do tantra eles são compreendidos como formando um único continuum (este é o significado literal da palavra tantra). Em outras palavras, as qualidades do caminho e do fruto já estão presentes, implícitas na base.

CAMPO BÚDICO, *buddhakshetra* (sct.), *zhing khams* (tib.) — Um termo geral para uma esfera ou dimensão na qual um buda habita. Os campos búdicos são categorizados de acordo com os três kayas, que são perceptíveis apenas para os seres com a realização correspondente. Além disso, também há terras ou campos puros emanados por budas e bodisatvas de grande realização, que podem ser acessados pelos seres de carma e méritos apropriados e onde eles poderão progredir sem impedimentos no caminho. Essas terras puras são similares aos campos búdicos nirmanakaya e são categorizadas de acordo com sua localização, seja no céu (*mkha ́ spyod*), na superfície da terra (*sa spyod*) ou mesmo em regiões subterrâneas (*og spyod*). A Gloriosa Montanha Cor de Cobre de Guru Padmasambhava, a montanha Potala de Avalokiteshvara, a terra oculta de Shambhala e assim por diante, são consideradas terras puras deste tipo.

CHAKRA (sct.), ’*khor lo* (tib.) — Roda ou roda-canal. Uma configuração de raios ou canais na forma de pétalas que parecem uma roda que está apoiada no canal central. Dependendo do tantra são mencionados quatro ou seis chakras. O dharmachakra é a roda-canal situada no nível do coração.

CHAMARA (sct.), *rnga yab* (tib.) — O nome de um subcontinente que se encontra ao sul e ao oeste do continente de Jambudvipa (nosso mundo) de acordo com a cosmologia budista. É ali que a Gloriosa Montanha Cor de Cobre, o campo búdico de Guru Padmasambhava, está localizada.

CINCO AGREGADOS, *skandha* (sct.), *phung po lnga* (tib.) — Os cinco constituintes, um físico e quatro mentais, encontrados quando na busca pela essência individual, a "pessoa" é sujeita à investigação analítica. Eles são a forma material ou corpo, sensações, percepções, fatores condicionantes e consciência. A reunião desses agregados dá origem à impressão do "eu".

CINCO FAMÍLIAS ILUMINADAS, *rigs lnga* (tib.) — As cinco famílias: Tathagata, Vajra, Joia, Lótus e Ação. Elas são representadas por cinco Budas (respectivamente, Vairocana, Akshobya ou Vajrasattva, Ratnasambhava, Amitaba e Amoghasiddhi) que constituem os cinco aspectos do estado búdico. Eles são considerados a natureza dos cinco agregados e correspondem às cinco sabedorias que surgem quando os cinco obscurecimentos emocionais são purificados e transmutados.

DAKA (sct.), *dpa´ bo* (tib.) — literalmente: herói. Um título usado nos tantras para se referir aos bodisatvas homens; o equivalente masculino para dakini. Ver também dakini.

DAKINI (sct.), *mkha´ ´gro ma* (tib.) — Uma representação de sabedoria na forma feminina. As dakinis se dividem em várias classes. Existem dakinis de sabedoria que são completamente iluminadas e dakinis mundanas que possuem diversos poderes espirituais. As dakinis de sabedoria são classificadas em cinco grupos de acordo com as cinco famílias iluminadas Tathagata, Vajra, Joia, Lótus e Ação. Ver também cinco famílias iluminadas.

DAMARU (sct.), *da ma ru* (tib.) — Um pequeno tambor ritual, tradicionalmente feito com as copas de dois crânios fixadas de costas.

DHARMACHAKRA (sct.), *chos kyi 'khor lo* (tib.) — literalmente: canal-roda da realidade. Ver CHAKRA.

DHARMADHATU (sct.), *chos dbyings* (tib.) — A expansão que tudo abarca da realidade absoluta; a vacuidade dos fenômenos que é inseparável de sua aparência.

DHARMAKAYA (sct.), *chos sku* (tib.) — literalmente: "corpo do Darma". De acordo com o contexto se refere simplesmente à dimensão de vacuidade do estado búdico. Alternativamente pode indicar a união de vacuidade e sabedoria primordial luminosa.

DHARMATA (sct.), *chos nyid* (tib.) — Outro termo para vacuidade, a natureza dos fenômenos.

DUAS VERDADES, *bden gnyis* (tib.) — O estado duplo de cada fenômeno: a existência aparente no nível relativo e a vacuidade de existência inerente no nível absoluto. A interpretação da doutrina das duas verdades é o critério que distingue os vários níveis de sistemas filosóficos budistas.

GURU CHÖKYI WANGCHUK, *gu ru chos kyi dbang phyug* (tib.) (1212-1270) — Um dos cinco "tertöns reis", que foram os mais grandiosos reveladores de tesouros.

JAMBUDVIPA (sct.), *'dzam bu'i gling* (tib.) — O nome dado ao nosso mundo no sistema cosmológico da Índia antiga.

JAMYANG KHYENTSE WANGPO, *'jam dbyang mkhyen brtse dbang po* (tib.) (1820-1892) — Um dos maiores representantes da história recente das tradições Sakya e Nyingma e um dos principais fundadores do movimento Rimé, ou não sectário, no Tibete oriental. Ele foi um grande revelador de tesouros, sendo considerado o último dos cinco "tertöns reis".

JNANASATTVA (sct.), *ye shes sems dpa'* (tib.) — literalmente: ser de sabedoria primordial. Invocado no contexto da prática do estágio da geração (bskyed rim) da expansão de sabedoria do dharmakaya. Ele então se funde com e repousa no coração do samayasattva (ser de compromisso), ou seja, a deidade meditativa visualizada.

KAHMA, *bka' ma* (tib.) — Nome da linhagem oral longa de transmissão dos ensinamentos do Buda até os discípulos dos dias de hoje.

KALPA, *bskal pa* (tib.) — Um período de tempo, correspondendo a um ciclo de formação, duração e destruição de um universo, seguido por um período de vazio, de acordo com a cosmologia da Índia antiga.

KALPA AFORTUNADO, *bskal pa bzang po* (tib.) — O nome do kalpa atual, assim chamado porque mil budas universais surgirão durante ele. O Buda Shakyamuni é o quarto dessa série.

KAYA (sct.), *sku* (tib.) — literalmente: corpo. De acordo com o Mahayana a base das qualidades iluminadas do estado búdico, geralmente subdivididas em dharmakaya, ou "corpo do Dharma" (o aspecto de vacuidade), e o rupakaya, ou "corpo da forma" (o aspecto de aparência). O dharmakaya é o próprio modo de ser do estado búdico; ele é perceptível apenas para os budas. O rupakaya é o meio através do qual um buda se torna perceptível para os não budas. Ele é subdividido em sambhogakaya, o "corpo de deleite" (o aspecto da claridade), perceptível para os grandes bodisatvas no décimo bhumi de realização, e o nirmanakaya, o "corpo de manifestação", perceptível para os seres comuns.

LUZ DE LÓTUS, *pad ma 'od* (tib.) — Nome do palácio de Guru Padmasambhava em sua terra pura, a Gloriosa Montanha Cor de Cobre de Chamara. Ver também Chamara, Montanha Cor de Cobre.

MAITREYA (sct.), *byams pa* (tib.) — literalmente: aquele que ama. O bodisatva de décimo nível que reside agora como regente do Buda no céu de Tushita. Quando a era de Shakyamuni terminar, Maitreya se manifestará no mundo como o quinto Buda deste kalpa afortunado. Ver também KALPA AFORTUNADO.

MANDALA (sct.), *dkyil khor* (tib.) — literalmente: centro e circunferência. Um termo com numerosos significados. De forma mais básica, significa um simples arranjo circular de oferendas. Mais profundamente se refere à configuração das deidades em seu ambiente sagrado conforme visualizado nas práticas do estágio da geração. Por último, ela pode se referir à natural, espontaneamente presente expansão da sabedoria primordial.

MANJUSHRI (sct.), 'jam dpal (tib.) — Um bodisatva de décimo nível e a personificação da sabedoria de todos os budas.

MANTRA (sct.), sngags (tib.) — Sílabas ou fórmulas que ao serem recitadas com a visualização adequada, e assim por diante, protegem a mente do praticante das percepções comuns. Eles são invocações à deidade yidam e manifestações da deidade na forma de som.

MANTRA SECRETO, gsang sngags (tib.) — Outro nome para o Vajrayana. Ver VEÍCULO DO RESULTADO.

MONTANHA COR DE COBRE, zang mdog dpal ri (tib.) — Um nome da terra pura de Padmasambhava, ou Guru Rinpoche. Ver também Chamara.

MONTE MERU, ri rab (tib.) — A grande montanha no centro de um sistema universal de acordo com a cosmologia da Índia antiga.

NALANDA — Uma das mais importantes universidades monásticas da Índia medieval. Estava localizada no local de nascimento de Shariputra ao norte de Bodh Gaya (na atual Bihar), não distante do Pico dos Abutres, onde o Buda expôs seus ensinamentos sobre a Perfeição da Sabedoria. Nalanda cresceu até um tamanho imenso, era famosa em toda a Ásia e foi frequentada e administrada por muitos dos grandes mestres do budismo Mahayana. Fundada no século dois e destruída pelos exércitos de Muhammad Khalji em 1235. Nalanda existiu por mil anos.

NOVA TRADIÇÃO, *gsar ma* (tib.) — Uma forma de se referir às escolas do budismo tibetano fundadas durante o período posterior de tradução dos textos em sânscrito para o tibetano, que coincidiu com o período da restauração dos ensinamentos após a perseguição do Darma pelo Rei Langdarma no século onze.

NGARI RIGDZIN, *mnga´ ri rig ´dzin* (tib.) (1487-1542) — Também conhecido como Ngari Penchen Pema Wangyal (*mnga´ ri pan chen pad ma dbang rgyal*), um tertön e erudito renomado por seu tratado sobre os três votos (*sdom gsum rnam nges*) no qual ele expõe e defende a posição da escola Nyingma.

NGAYAB, *rnga yab* (tib.) — Ver CHAMARA.

NIRMANAKAYA (sct.), *sprul sku* (tib.) — Ver KAYA.

NYINGMA, *rnying ma* (tib.) — Ver ANTIGA TRADIÇÃO.

ODDIYANA (sct.), *o rgyan* (tib.) — De acordo com os estudos modernos era um antigo reino localizado no vale do Swat, onde hoje se encontra a província da fronteira noroeste do Paquistão. Era renomado como o berço dos ensinamentos do Mantra Secreto e é frequentemente referido na literatura tibetana como a terra das dakinis (*mkha´ ´gro gling*).

OITO CLASSES DE DEUSES E DEMÔNIOS, *lha ´dre sde brgyad* — Uma classificação de espíritos mundanos nas categorias de ging, dü, tsen, yaksha, rakshasa, mamo, rahula e naga. No nível interno, eles correspondem aos oito tipos de consciência, ou seja, as cinco consciências sensoriais, a consciência mental, a consciência obscurecida que concebe o "eu", e a consciência alaya, a fundação da mente que é o repositório das sementes cármicas e tendências habituais.

OITO MANIFESTAÇÕES DE GURU RINPOCHE, *gu ru rin po che'i mtshan brgyad* — Os nomes das oito manifestações mais famosas de Guru Padmasambhava conforme descritas em suas biografias místicas. Elas são: Padmasambhava, Loden Chokse, Padma Gyalpo, Nyima Özer, Senge Dradok, Shakya Senge, Dorje Drolö e Vajradhara de Oddiyana.

ORGYEN, *o rgyan* (tib.) — A forma tibetana para Oddiyana. Ver ODDIYANA.

PARAMITA (sct.), *pha rol tu phyin pa* (tib.) — Uma perfeição transcendente ou virtude, cuja prática conduz ao estado búdico. Existem seis paramitas: generosidade, disciplina ética, paciência, diligência, concentração e sabedoria.

PEMA GARWANG CHIMÉ YUDRUNG LINGPA, *pad ma gar gyi dbang phyug chi med gyung drung gling pa* (tib.) (1813-1899) — O nome de tertön de Jamgön Kongtrul, reconhecido como a encarnação de Vairotsana — um dos primeiros e maiores tradutores tibetanos. Jamgön Kongtrul teve um papel decisivo no desenvolvimento do movimento Rimé no Tibete oriental. Ele foi um prolífico autor de imensa erudição, um mestre altamente realizado e um tertön, ou revelador de tesouros.

QUATRO VAJRAS, *rdo rje bzhi* (tib.) — Um símbolo do corpo, fala, mente e sabedoria primordial iluminados.

RAHU (sct.), *sgra gcan* (tib.) — Um demônio mítico devorador do sol e da lua, causando assim os eclipses.

RAKSHASA (sct.), *srin po* (tib.) — Uma classe de perigosos demônios devoradores de carne.

RATNA LINGPA, *rat na gling pa* (tib.) (1403-1478) — Um grande tertön e primeiro compilador dos tantras Nyingma (*rnying ma rgyud 'bum*).

SADHANA (sct.), *sgrub thabs* (tib.) — literalmente: método de prática. Uma prática sistematizada do estágio da geração compreendendo muitos passos e incluindo as yogas relativas ao corpo, fala e mente da deidade.

SAMANTABHADRA (sct.), *kun tu bzang po* (tib.) — O Buda primordial que nunca caiu na delusão; a personificação simbólica da lucidez; a sempre presente e luminosa natureza da mente.

SAMAYA (sct.), *dam tshig* (tib.) — O elo sacramental e o compromisso estabelecidos no Vajrayana entre o mestre e os discípulos a quem foram conferidas as iniciações. O elo do samaya também existe entre os discípulos do mesmo mestre e entre os discípulos e suas práticas.

SAMBHOGAKAYA (sct.), *longs spyod rdzogs pa'i sku* (tib.) — Ver KAYA.

SARAHA (aprox. séc. X) — Um mahasiddha indiano, ou mestre de grande realização. Ele foi o autor de três famosos ciclos de dohas, ou canções de realização.

SAUTRANTIKA (sct.), *mdo sde pa* (tib.) — O nome de um sistema filosófico pertencente ao Hinayana, notável por seu elaborado sistema de lógica e epistemologia.

Siddhi (sct.), *dngos grub* (tib.) — Realizações alcançadas ao longo do caminho espiritual. Os siddhis são de dois tipos: as realizações "comuns" dos vários poderes sobrenaturais e a realização suprema, ou seja, a realização do estado búdico.

Sugata (sct.), *bde bar gshegs pa* (tib.) — Alguém que foi para e que se encontra no estado de êxtase. Um sinônimo para buda.

Sugatagarbha (sct.), *bde gshegs snying po* (tib.) — literalmente: a essência do Sugata. A natureza luminosa e vazia da mente, sinônimo de tathagatagarbha, a natureza búdica presente em cada ser senciente.

Taksham Samten Lingpa, *stag gsham bsam gtan gling pa* (tib.) (séx. XVII) — Um mestre celebrado e tertön da tradição Nyingma. Entre seus tesouros revelados está a autobiografia de Yeshe Tsogyal, traduzida em inglês como *Lady of the Lotus-Born*.

Tantra (sct.), *rgyud* (tib.) — literalmente: continuum. Os textos do budismo Vajrayana que expõem a natural pureza da mente. Ver também Agama.

Tantra Interno, *nang rgyud* (tib.) — Ver Anuttara Tantra.

Tathagata (sct.), *de bzhin gshegs pa* (tib.) — literalmente: aquele que assim se foi. Um sinônimo para Buda.

Tathagatagarbha (sct.), *de gshegs snying po* (tib.) — literalmente: a essência do Tathagata. Ver Sugatagharba.

Tenma, Deusas, *brten ma bcu gnyis* (tib.) — Doze espíritos femininos associados às regiões montanhosas do Tibete que, na presença de Guru Padmasambhava fizeram o voto de proteger a religião e o povo do Tibete.

TERDAG LINGPA, *gter bdag gling pa* (tib.) (1646-1714) — Outro nome de Minling Terchen Gyurme Dorje. Um celebrado tertön e fundador do monastério de Mindroling, um grande centro da tradição Nyingma no Tibete Central. Terdag Lingpa compilou o Nyingma kahma, a coleção da linhagem extensa (oral) da escola Nyingma, e fez uma coleção de todos os termas anteriores, ou ensinamentos de tesouros.

TERMA, *gter ma* (tib.) — literalmente: tesouro. Ensinamentos e substâncias abençoados ocultados principalmente por Guru Padmasambhava para serem revelados mais tarde, em um tempo onde seriam mais benéficos para o mundo e seus habitantes.

TERRA PURA, *mkha' spyod* (tib.) — Ver CAMPO BÚDICO.

TERTÖN, *gter ston* (tib.) — literalmente: revelador de tesouros. Reencarnações dos discípulos realizados de Guru Padmasambhava, que descobrem e revelam os tesouros espirituais ocultados por ele e por sua consorte Yeshe Tsogyal.

THÖGAL, *thod rgal* (tib.) — Uma prática da Grande Perfeição que foca o "aspecto da claridade" espontaneamente presente da realidade absoluta. Em contraste, o trekchö foca o aspecto da pureza primordial.

TORMA, *gtor ma* (tib.) — Uma oferenda ritual, de construção mais ou menos elaborada, feita normalmente de farinha, mas às vezes de argila.

Trekchö, *khregs chod* (tib.) — Ver THÖGAL.

Três dimensões da existência, *sa gsum* (tib.) — De modo geral, as três dimensões estão acima, sobre ou abaixo da terra. Ocasionalmente esse termo se refere aos três reinos da cosmologia budista. Ver também TRÊS REINOS.

Três Mundos, *khams gsum* (tib.) — Ver TRÊS REINOS.

Três Raízes, *rtsa gsum* (tib.) — Os três objetos de refúgio conforme tratado nos ensinamentos do tantra: o guru, a raiz das bênçãos; a deidade yidam, a raiz das realizações; e a dakini, a raiz das atividades iluminadas. As três raízes são o paralelo tântrico aos Três Refúgios dos ensinamentos dos sutras.

Três Refúgios, *skyabs gsum* (tib.) — O Buda, o Darma e a Sanga, esta última consistindo da comunidade espiritual daqueles que alcançaram os estágios da realização.

Três Reinos, *khams gsum* (tib.) — Três dimensões que juntas constituem um sistema universal único. Estas são o reino do desejo (compreendendo os seis reinos dos deuses, asuras, humanos, animais, pretas e seres infernais), seguido pelos céus do reino da forma e do reino da não forma.

Três segredos de um buda, *gsang ba gsum* (tib.) — O corpo, fala e mente iluminados. Também citados como os três vajras.

Upadesha (sct.), *man ngag* (tib.) — literalmente: instruções essenciais. Ver também AGAMA.

VAIBHASHIKA (sct.), *bye brag smra ba* (tib.) — O primeiro dos sistemas filosóficos Hinayana, no qual as partículas indivisíveis de matéria e os instantes indivisíveis de consciência são considerados como verdades absolutas.

VAIROTSANA, *ba i ro tsa na* (tib.) (séc. VIII) — Um dos primeiros discípulos tibetanos de Guru Rinpoche e de Shantarakshita (por quem foi ordenado e de quem recebeu seu nome). Ele também foi um discípulo do mestre chinês Shri Simha, e além disso recebeu ensinamentos em visões puras diretamente do próprio Garab Dorje, tornando-se assim um dos canais através dos quais os ensinamentos da Grande Perfeição foram introduzidos no Tibete. Ele foi um dos primeiros e maiores de todos os tradutores tibetanos dos sutras e tantras budistas.

VAJRA (sct.), *rdo rje* (tib.) — Uma substância similar ao *adamantium* ou diamante. Às vezes referido como um raio, ele é um emblema da indestrutibilidade. Na forma de um implemento ritual, regularmente utilizado em cerimônias tântricas, o vajra é o símbolo dos meios hábeis, isto é, compaixão, e está associado ao sino (sct. *ghanta*, tib. *dril bu*), simbolizando a sabedoria da vacuidade.

VAJRADHARA (sct.), *rdo rje chang* (tib.) — literalmente: detentor do vajra. O nome de um buda sambhogakaya que é a união das cinco famílias iluminadas. Vajradhara é às vezes igualado a Samantabhadra.

VAJRAYANA (sct.), *rdo rje theg pa* (tib.) — Ver VEÍCULO DO RESULTADO.

VEÍCULO DO RESULTADO, *'bras bu'i theg pa* (tib.) — O Vajrayana, ou Mantra Secreto, que toma a natureza pura da mente não como um objetivo a ser atingido em algum ponto no futuro, mas como o próprio caminho de prática.

VIDYADHARA (sct.), *rig 'dzin* (tib.) — literalmente: possuidor de lucidez ou possuidor de conhecimento. Um ser de grande realização no Vajrayana. De acordo com a tradição Nyingma há quatro tipos de vidyadhara correspondendo aos dez (ou onze) níveis de realização dos ensinamentos dos sutras.

YESHE TSOGYAL, *ye shes mtsho rgyal* (tib.) — A principal discípula e consorte tibetana de Guru Padmasambhava. Ela mesma foi também uma grande professora e desempenhou um papel crucial ao ocultar os termas, ou tesouros de ensinamentos. Ver sua autobiografia, *Lady of the Lotus-Born*.

YIDAM, DEIDADE, *yi dam* (tib.) — Uma deidade tântrica em forma masculina ou feminina, representando diferentes aspectos do estado búdico. Os yidams podem ser pacíficos ou irados e a meditação sobre eles depende da natureza e das necessidades do praticante específico.

❧ Bibliografia ❧

Dilgo Khyentse. *The Wish-Fulfilling Jewel*. Boston: Shambhala Publications, 1988.

Dudjom Rinpoche. *Counsels from My Heart*. Boston: Shambhala Publications, 2001.

Gyalwa Changchub e Namkhai Nyingpo. *Lady of the Lotus-Born*. Boston: Shambhala Publications, 1999.

Jamgön Kongtrul. *The Treasury of Knowledge*. Livro 6, parte 4, Sistemas do Tantra Budista. Ithaca, N.Y: Snow Lion Publications, 2005.

Longchen Yeshe Dorje, Kangyur Rinpoche. *Treasury of Precious Qualities*. Boston: Shambhala Publications, 2001.

Ngawang Zangpo. *Guru Rinpoche: His Life and Times*. Ithaca, N.Y: Snow Lion Publications, 2002.

Padmasambhava e Jamgön Kongtrul. *The Light of Wisdom*. Boston: Shambhala Publications, 1995.

Shantarakshita e Jamgön Mipham. *Adornment of the Middle Way*. Boston: Shambhala Publications, 2005.

Tulku Thondup. *Hidden Teachings of Tibet*. London: Wisdom Publications, 1986.

_____. *The Tantric Tradition of the Nyingmapa*. Marion, Mass.: Buddhayana, 1984.

Yeshe Tsogyal. *The Lotus-Born*. Boston: Shambhala Publications, 1993.

EKAJATI

Que muitos seres sejam beneficiados.

Para maiores informações sobre lançamentos do selo Lúcida Letra, cadastre-se em www.lucidaletra.com.br

Impresso em julho de 2021, na gráfica Vozes, utilizando-se a fonte Californian e Filosofia sobre papel Avena 80g/m^2